城 堡 ⊙著

典三三奇遇记

第一部

北京理工大学出版社
BEIJING INSTITUTE OF TECHNOLOGY PRESS

版权专有　侵权必究

图书在版编目（CIP）数据

典三三奇遇记.第一部／城堡著．－－北京：北京理工大学出版社，2024.3
ISBN 978－7－5763－3755－6

Ⅰ．①典…　Ⅱ．①城…　Ⅲ．①信息技术－青少年读物　Ⅳ．①G202-49

中国国家版本馆 CIP 数据核字（2024）第 067185 号

责任编辑：申玉琴　　**文案编辑：**申玉琴
责任校对：周瑞红　　**责任印制：**李志强

出版发行 /	北京理工大学出版社有限责任公司
社　　址 /	北京市丰台区四合庄路 6 号
邮　　编 /	100070
电　　话 /	（010）68944439（学术售后服务热线）
网　　址 /	http://www.bitpress.com.cn

版 印 次 /	2024 年 3 月第 1 版第 1 次印刷
印　　刷 /	三河市华骏印务包装有限公司
开　　本 /	710 mm × 1000 mm　1/16
印　　张 /	12.5
彩　　插 /	1
字　　数 /	136 千字
定　　价 /	48.00 元

图书出现印装质量问题，请拨打售后服务热线，负责调换

前　言

随着信息时代的到来，信息技术日益渗透到我们生活的方方面面，处处展现出巨大的能量和潜力。但信息技术属于一个比较专业的领域，充斥着晦涩难懂的术语和名词，一名专业人员要经历十数年的培养和实践，才能从事专业领域的开发研究工作。而我们社会中的大多数人仅仅是通过信息设备去应用和体验，并不会真正从事这方面的专业工作。那么面对汹涌而至的信息化浪潮、随处可见的信息化设备，如何让非专业的人，尤其是少年儿童，尽早熟悉、理解、积累一定的概念，在信息化环境中立足，就成了我写这部书最早的动力。

为什么要写这部书？

在学习了十几年的专业知识，又从事了十几年的专业教育之后，我对信息技术有了一些理解和积累。平时在为一些小朋友解答信息技术的问题时，因为他们基本没有或只有一点点专业知识，当直接用专业术语向他们进行讲解时，往往是讲解的人"口吐白沫"，听讲的人"不知所云"，可以说是"两败俱伤"。后来在答疑时，我就举一些原理类似但通俗易懂的小例子，居然起到了事半功倍的效果。小朋友在类比例子的基础上，可以很快理解信息技术的基础知识，再结合一些专业书，甚至能掌握一些深入的复杂的专业知识，不用冥思苦想突破特别困难的"门槛"。

这是一本什么书？

开始写作的时候，我对本书的定位很明确，这是一部信息技术启蒙书。但有一句话说：一千个读者眼中就会有一千个哈姆雷特。我在写作过程中，在和成宝的交流中，我对这部书的定位就多元视角了。你可以把这部书看成信息技术启蒙书，也可以把这部书看成识字书，或者休闲放松的书，也可以把它当成父母和子女一起阅读的亲子书。你还可以把这部书看成推理书。甚至，那些想了解一些简单信息技术的成年人，也可以读一读。

这本书的特点是什么？

这本书的特点有五个：①每个知识点都利用一个小故事举例子。这些例子竭力追求和技术上的原理相通，但因为需要考虑读者的接受程度，不能面面俱到或者和技术原理完全一致，因此绝不能当成准确的专业知识，但肯定可以帮助读者理解对应的知识点。

②以儿童的角度和口吻讲述，用词简单，浅显易懂，不会拒人于千里之外，降低入门难度。③尽量设计一些生动有趣的情节，提高阅读兴趣，寓教于乐，润物无声，在潜移默化中让读者接受信息技术中的一些基本概念。④涉及的技术面广。尽量把平时读者能接触到的常见信息技术都照顾到，包括数据进制、集成电路等，也包括版权、信息安全等。⑤宏观与微观兼顾。既有网络协议、模块式开发等宏观概念，又有死锁、压缩等微观技术点。

我们已经进入信息社会，大到国家，小到个人，从人工智能、大数据到移动支付，无一不在显现着信息技术的威力。但绝大多数人并不会从事信息技术相关的专业工作，比如软硬件开发或者学术研究，更多只是对信息技术的应用和体验，所以理解并掌握一些简单的信息知识，会提高在信息社会的"舒适度"。而对于少年儿童来说，越早接触一些信息知识，就能越早在大脑中形成牢固的"肌肉记忆"，不管以后其朝什么方向发展，都会受益。总之，这本书的目的不是教大家编程这种"知其然"的工作，而是希望能起到理解基本原理的"知其所以然"的作用。

本书在出版过程中得到了北京理工大学教育基金会的大力支持和资助，在此表示衷心感谢。

策划团队

主创：城　堡

成员：张恋晟　仲　彦　周伟伟

作者

2023年6月　于北京海淀

目录
CONTENTS

一、神奇典三三	001
二、神秘的贝塔星人	005
三、不认识"1"了	010
四、作业抄袭风波	015
五、10元是十块钱还是两块钱？	021
六、发电	026
七、便宜货不便宜	032
八、电脑里面有饼干	038
九、他到底是谁	044

十、三种万能颜色	051
十一、神秘的符号	057
十二、给衣服减肥	064
十三、装花生	071
十四、妈妈已经三天没有打我了	077
十五、一张珍贵的老照片	084
十六、免费的午餐	090
十七、一群勤奋的快递员	095
十八、吵闹的活动室	101
十九、鸡同鸭讲	107
二十、花样冰淇淋	113
二十一、美容大法	121

二十二、钓鱼	127
二十三、互不相让	134
二十四、快煎鸡蛋饼	140
二十五、排队与插队	147
二十六、我中大奖了	155
二十七、人人都是程序员	162
二十八、好好听课	169
二十九、蚂蚁搬家	176
三十、我们的班级	183

一、神奇典三三

典三三是个小小男子汉,今年7岁,个头不高也不矮,身材不胖也不瘦,头顶的头发总是直立着三绺,目前刚刚上小学一年级。你一定很好奇,典三三这个名字是怎么来的。这个得问他父母,哦,好吧,这是废话。他这个名字是他爸爸随便起的,对不起,他爸爸可不承认是随便起的,否则他妈妈会打他爸爸的。

典三三的爸爸是个围棋发烧友,而且特别喜欢下点三三定式,但是水平实在不敢恭维,即便如此,三三爸爸还是乐此不疲,经常下围棋或者看围棋比赛。当初要给典三三起名字的时候,三三妈妈问爸爸:"名字一定要朗朗上口,还要有好的寓意,老典你说叫什么好呢?"三三爸爸正在聚精会神地看一盘围棋比赛,有点心不在焉，根本没听清三三妈妈的问题，随口对着屏幕说了一句："点三三！"三三妈妈有点蒙，疑惑地问："叫典三三吗？为什么？"三三爸爸不好意思说自己走神了，于是假装很严肃地分析："对！典三三，一个好名字。你看，三在古语里面代表多，一生二，二生三，三生万物嘛！两个三叠在一起，岂不是更多了。"三三妈妈被说得一愣一愣的，就这么把典三三的名字给定下来了。

虽然后来三三爸爸觉得自己给儿子起名字随便了点儿，但慢慢觉得三三好叫，易上口，也就释然了。而且，三三认字水平实在是差，幼儿园上了一年，居然就能数到三、写到三。三三爸爸想，以后考试写名字，三三笔画少，不容易错，也算是这个名字的一个优势吧。真要起个笔画多的名字，三三会不会因为不会写自己的名字，哭着从考场里跑出来呢？这么想着，三三爸爸居然觉得自己有点未卜先知的本事了。

典三三有好多好朋友，比如凡凡、大鹏、牛牛、媛媛、灵灵等，他们各有特点，比如凡凡特别懒，大鹏是个豪爽的人，而灵灵心灵手巧。但不管男生女生，用典三三自己的话说，都是他的好兄弟。

从小典三三身上就总是发生一些神奇的事情，比如他还没见过算盘时，居然做梦梦到了算盘，醒来还问妈妈，算盘是干什么用的。三三妈妈感觉很惊奇，给他找来一个算盘，告诉他怎么用。但背地里偷偷对着三三爸爸嘀咕："我说老典，三三怎么会梦到算盘？你说，他以后不会变成账房先生吧？"三三爸爸心里也很疑惑，但想到自己是一家之主，得沉得住气，于是故作镇定地说：

"现代社会,哪还有什么账房先生?现在叫会计。"还有一次,三三从幼儿园回来,妈妈正在做饭,爸爸在对着电脑下围棋。三三对爸爸说家里有个外星人,还说爸爸也是一台电脑。那次可把爸妈给吓坏了,以为他发高烧说胡话了。给他量体温,一切正常。三三还在说爸爸是一台电脑,爸妈慌得不行,只好吓唬三三说:"如果你再胡说,我们就带你到医院打针!"三三虽然心里不服气,但"打针"这两个字确实对他具有巨大的威慑力,他只好说:"没有外星人,爸爸也不是电脑。"爸妈这才长舒一口气。

在三三的成长过程中，发生的神奇事件可不是一件两件。虽然有时会把大家吓一跳，比如感觉在天上飞啊，在星际旅行啊，但很多时候大家都不以为然笑笑就过去了。就让我们跟着典三三的生活轨迹，一起体验他生活中遇到的神奇而好玩的事件吧！

二、神秘的贝塔星人

典三三经常梦到一些稀奇古怪的事情，冒出一些稀奇古怪的感觉和想法。大人和朋友听了他的讲述，开始觉得不可思议，到后来慢慢变得不以为然，因此一致认为典三三经常说胡话。三三爸妈还为此带他看过医生，但也查不出什么毛病。于是再遇到三三说什么不合常理的话，爸爸就会吓唬他去医院。结果医院成了三三的梦魇，是他最不愿意提也最不愿意去的地方。

有一天课间，典三三正在操场上玩耍，突然感觉眼前出现一团蓝光。一开始他以为自己眼花了，揉揉眼睛再看，还是有那团蓝光。但说来奇怪，那团蓝光抓也抓不住，还不影响他看周围的东西。那团蓝光晃来晃去，好像在他眼前，又好像在他头脑里，三三这次感觉有点慌,以为自己眼睛或者脑袋出什么问题了。他的大脑迅速转动,努力使自己镇定下来,思考要怎么办。但那团蓝光总不散,思来想去,他无奈地想,可能只有让家长带去医院了,尽管他一百个不愿意。

当他正准备让老师通知爸爸妈妈来接他时,就听到一个声音对自己说:"典三三,不用去医院,你没有病。"典三三吓了一跳,往四周一看,旁边并没有什么人。这时那个声音又说:"你看到的蓝光就是我,这是我在和你说话。"典三三说:"你是谁?"蓝光说:"我是小蓝,来自5亿光年外一个叫贝塔的行星。"典三三听到这里彻底慌了,他喊道:"你来这里干什么?是不是钻到我脑袋里去了?"小蓝说:"你不用慌,听我把来龙去脉告诉你。"原

二、神秘的贝塔星人

来,小蓝所在的行星想和宇宙中其他的智慧生命取得联系,于是派出了一些信使,小蓝就是其中一个,他被派到地球进行联络。小蓝所在行星的文明比地球上的人类文明发达得多,所以虽然他们发现了地球文明并且来到了这里,但地球人还没有能力发现他们。

小蓝说:"你不用害怕,我不会伤害你,我只是通过你和人类建立联系,并且了解地球文明。"典三三疑惑地说:"那你怎么是一团光的形状?我怎么摸不到你?"小蓝说:"我们的文明已经脱离了物质形态,可以以任意承载信息的形态存在,比如一段程序、一条密码,我现在就是以蓝光的形式存在的。你看,我可以和你无障碍交流,因为我有能力在极短的时间内掌握你的语言,并且了解你头脑中的想法。"典三三压制住瑟瑟发抖的心,小心翼翼地问:"地球几十亿人,那你为什么偏偏找到了我?我觉得你十有八九是找错了人。""因为你的脑回路与众不同,在整个地球上和我们的交流接口最匹配!""哦,天啊!那我岂不是每天都被人监视?太惨了!"三三内心一阵哀号。

突然,典三三好像想起了什么,他问道:"你刚才说你们的文明比我们发达得多,那是不是如果我有什么困难你都可以帮助我?"三三其实心里在盘算着考试的事情,想着如果有个人能帮他做题,那也不枉受这么大的惊吓。结果他还没张嘴,小蓝就说道:"其他困难我肯定尽力帮你,甚至可以带你到我神秘的实验室开开眼界,但考试作弊你就别想了,门都没有。"三三一下子有点不高兴了,嘟囔着说:"除了考试,还有什么需要你帮忙的!"小蓝哈哈笑了起来:"你想想,我不远万里来到地球,本事肯定不小,以后你就会慢慢了解，能帮你的地方多着呢！"典三三虽然还是很失望，但转念一想有这么一个有点本事的外星朋友也不算坏事，就问小蓝："那我需要你帮助的时候，怎么找你呢？""这个你不用担心，当你需要我的时候，只需要把拇指和食指比成心形，然后说三遍'你来呀'就可以了，我就会马上出现。"三三想，这么简单吗？有机会一定要试试。这时上课铃响了，小蓝"嗖"一下就不见了，典三三也赶忙跑回了教室。

恰巧这天有语文考试，典三三因为有点惊魂未定，所以考得很不咋地。放学时老师让典三三回去改错，并且要求家长在卷子上签字。三三回家后，一边改卷子，一边时不时走神。改完后给爸爸看，结果爸爸发现卷子上居然写着外太空、贝塔星，和其他一些不

二、神秘的贝塔星人

着边际的话。爸爸气不打一处来，就要对三三发火，妈妈一看气氛不对，赶紧过来劝爸爸熄熄火，爸爸这才稍稍心平气和了一点。谁知三三已经走神了，根本没注意到爸爸生气的样子，突然想试一试能不能叫来小蓝，就用拇指和食指比作心形，对着爸爸连说了三声"你来呀"。小蓝倒是真的出现了，但只有三三能看到小蓝，爸爸看不到他，觉得三三是在对自己挑衅，压不住火气，拿着一把扫把就要打，吓得小蓝"嗖"的一声不见了，三三也回过神来，"噌噌噌"像兔子似的一溜烟逃跑了。

三、不认识"1"了

  这天,典三三像往常一样去学校,看上去仿佛又是平常的一天,谁知这一天出了个小小的事故。

  上数学课时,老师讲到了数字部分。只见老师在黑板上写了个"1",然后说:"这个大家都已经认识了,这是1。"就在这一瞬间,典三三就像着了魔一样,脑洞突然又大开了。他在课堂上莫名其妙地对老师说了一句:"'1'为什么是1?为什么不能是2或者3?"话音刚落,全班同学哄堂大笑,纷纷喊叫,说"1"早在幼儿园都学过了,不是1是什么,还问典三三是不是脑壳出问题了,"1"都不认识了!结果全班乱成一锅粥,老师想让大家安静下来,但已经控制不住局面了。最后还是班主任老师来协助数学老

三、不认识"1"了

师,才让同学们安静下来。

典三三也觉得自己是不是过分了,为什么会说出这么不着边际的话。就在他想说"1"就是1时,突然听到小蓝在脑袋里对他说:"三三,你这个问题挺好啊。'1'为什么就是1?在我们星球上,'*'才表示你们的1。"结果三三仿佛找到了救星一样,把想改错的想法收回去了,居然又对数学老师说了一句:"对啊!我觉得'1'不一定非得是1,1为什么非得是'1'?'*'为什么不能表示1?"

结果这句话又把课堂给炸了,两位老师又费了半天劲才控制住局面。这节课剩余的时间里还有不少同学在小声议论,数学老师勉强把这次课上完,但气得怒发冲冠。放学后,典三三被留了下来。

老师通知三三爸爸来学校领三三。

三三爸爸接到老师的通知后,不知道三三在学校又闯什么祸了,风风火火地赶到学校。数学老师简要地向三三爸爸介绍了当天课堂上发生的事情,爸爸也听蒙了,深度怀疑三三脑袋真的出问题了,难道要从一年级再返送到幼儿园吗?但三三爸爸冷静下来后,仔细观察了一下三三的表现,确定他脑袋没有问题。于是想和三三好好谈谈,问问他到底为什么在课堂上捣乱。

"三三,我问你,你为什么说'1'不一定是1?"三三爸爸尽量压制住要进发的火气,装作心平气和地问。三三歪着脑袋一本正经地说:"爸爸,那你说,1为什么非要长成'1'这个样子?为什么不能是'*'?"这时小蓝也在脑袋里悄声说:"就是!在我们星球,1真的就是'*'。"三三爸爸听到三三的问题后,也一下子愣住了,是啊,为啥1非得长成"1"这个样子呢?但随后三三爸爸又想:"从小到大老师不都是这么教的吗?这有什么道理可以讲吗?为什么1长成'1'这个样子,如果不这么说,我爸爸,就是你爷爷就打我吗?打了几次,1就是'1'了。"想到这里,三三爸爸说:"1为什么长成'1'这个样子?因为它就是这个样子!你如果再在课堂上捣乱,看我不收拾你!"说完就要打三三。老师赶紧说:"三三爸爸,不要激动,无论如何不能打孩子。"虽然数学老师心里想三三确实该挨揍。三三爸爸觉得一时控制不住情绪,在公众场合确实有点失态,于是再压住火气对三三说:"记住啊,1就是'1'这个样子,以后不要胡说八道了,也不要在课堂上捣乱了。""可是爸爸,我还是觉得1不一定非要写成'1'……""好

三、不认识"1"了

了,不要再说了!我们耽误了老师好多时间,我们先回家,我再慢慢给你解释。"三三爸爸说完瞪了三三一眼。三三想,早晚要跟爸爸回家,如果再坚持下去,回去可没好果子吃,算了,认怂吧。于是对数学老师说:"老师,我现在知道1就是'1'了,以后也不在课堂上捣乱了。"三三爸爸以为三三真的认识到错误了,满意地点了点头,和老师告别,带着三三回家了。

回去的路上,爸爸知道三三还不服气,他自己也冷静下来琢磨这个问题。是啊,到底为什么1必须是"1"呢?一味发火是不会让儿子服气的。回家后,爸爸认真查了一下资料,了解到"1"是阿拉伯数字中的一个,是印度人发明的计数符号。它并非天然就是"1",在各古代文明的发展过程中,曾经出现过许多不同的代表数字的符号。但因为阿拉伯数字符号非常简洁，而且已经在全世界范围内被大家普遍接纳和采用，所以约定俗成，把1的符号统一写作"1"，不宜再另外发明一套新的计数符号系统了。于是爸爸认真给三三解释了一遍，三三好像若有所悟，似懂非懂地点了点头。结果小蓝还啰里啰唆地喃喃道："在我们那里，1真的是'*'！"三三想："我因为这个已经被老师和爸爸剋了一顿，你咋还在这里没完没了。"于是愤愤地说了一句："你快闭嘴！"爸爸不知道三三是在和小蓝说话，先是吓了一跳，接着以为典三三要跟家长造反，站起来就要找鸡毛掸子打他。吓得典三三一声号叫，飞快地逃跑了。

🔊 小知识

　　这一小节要说明的问题是，每一种现在使用的符号，包括文字和数字在内，都是约定俗成的结果。"1"是阿拉伯数字计数符号的规定，已经在全世界范围内被大家普遍接受。阿拉伯数字并非唯一表示数字的符号，数字符号也并非天然就是阿拉伯数字，但在现有计数体系中，是被绝大多数教育科研体系认可的表示数字的符号，非常简洁，便于在全世界范围内沟通。

四、作业抄袭风波

这天天气晴朗,鸟儿在树上叽叽喳喳地唱歌,蝴蝶在花丛间飞来飞去,三三和爸爸心情也不错,看上去会是美好的一天。三三爸爸想:"今天应该不会出什么岔子,可以省点心了。"

典三三这学期的科学课有一些很有意思的内容,比如给大家发放一些种子,让大家回去种植并观察植物的生长情况。今天科学课上,老师布置了一道家庭作业,就是给每个同学发放了一小袋绿豆,让大家回去泡在水里,观察绿豆发芽生长的情况,并且要求一周后完成一份观察周记,交给老师批改。大家听了都很兴奋,因为同学们都是在城市长大的,没有亲手种过植物,也没见过种子发芽,所以一个个摩拳擦掌,跃跃欲试。

放学后大家都在琢磨怎么才能把这个作业完成好。但典三三班里那个叫凡凡的同学，这时却动起了歪脑筋。凡凡平时特别懒，简直是衣来伸手、饭来张口，能走一步绝不走两步，能动一根手指头绝不动两根。他爸爸形容他是生活不能自理型的懒惰。凡凡拿到作业后，就想把泡绿豆、观察发芽这个事情交给爸爸妈妈去做。凡凡的爸妈这次坚决不同意代劳，一定要凡凡自己完成。但凡凡把绿豆小袋子一放，自己睡觉去了，把这件事忘到了九霄云外。

转眼一周的时间过去了，到了要交科学周记的时间，凡凡爸爸问凡凡："你的周记完成得怎么样了？"凡凡猛地一拍脑门："哎呀，我早把这件事给忘干净了！这可怎么办？爸爸，赶紧江湖救急

四、作业抄袭风波

啊！你有经验，快帮我写一篇吧！"凡凡爸爸坚定地摇了摇头说："肯定不行！你自己的作业要自己完成。我替你写就是你作弊了，那是不诚实的，肯定不能这么做。"凡凡一下子泄气了，哼哼唧唧很不高兴。这时，他突然想到了爷爷，爷爷平时最疼他，什么都依着他。于是凡凡跑到爷爷面前，央求道："爷爷，爷爷，赶紧救救我！"凡凡爷爷吓了一大跳，火急火燎地问："怎么啦？出什么事情了？"凡凡就把马上要交科学周记作业，但还没有完成的事情告诉了爷爷。爷爷听完呵呵一笑说："我觉得你爸爸说得对，自己的事情要自己完成，不能让别人代劳，否则就是抄袭。"凡凡一听，彻底泄气了。

就在凡凡愁眉不展的时候，突然瞧见了家里的电脑，他的小脑袋瓜又开始想馊主意了。他想起来爸爸曾经教给他怎么上网查找资料，灵机一动，心想："我可以自己到网上找现成的周记啊，岂不是轻松愉快？说不定还是高水平的作品呢。只是这事不能让家长知道。"想到这里，凡凡在家里人都去做饭的时候，迅速上网搜索"豆芽观察周记"。嘿！你别说，网上这种范文非常多，令人眼花缭乱，而且每一篇质量都很高，简直是"神助攻"啊，哈哈哈。

事不宜迟，凡凡迅速从网上下载一篇观察周记，吃完饭后，原样抄到了周记本上。凡凡心想，有了这个快捷方法，以后的任何作文都不用发愁啦！而且篇篇都是优，真是做梦都要笑醒了。

第二天，凡凡交了周记作业后，刚开始还惴惴不安，后来看老师没什么异常反应，就逐渐放下心来。其实老师在批改作业时，心里已经有点疑惑了，凡凡平时写个作文或者周记，那简直是"惜墨

如金",多写一个字都不愿意,而且经常不能连词成句,逻辑混乱。今天这个作业,洋洋洒洒,文理通顺,结构完整,太不像凡凡的风格和水平了。但老师又转念一想,万一凡凡得到了什么高人的指点,作文水平突飞猛进了呢?不能打击任何一个同学的写作积极性,尤其是本来落后的凡凡,还是多给点鼓励吧。所以老师装作若无其事,并且准备表扬凡凡一次,拿他的周记当作范文读给大家听。

到了班级阅读时间,科学老师特意选出了凡凡的周记,让他第一个在全班同学面前朗读,并且特意强调,凡凡的周记是这次所有同学里面写得最好的,让大家仔细学习体会。凡凡一听,这简直是破天荒了!有生以来第一次得到老师这么高调的表扬,没想到自己也有在全班面前扬眉吐气的这一天。于是凡凡一步三摇地走到讲台上,装模作样地清清嗓子,开始在全班面前读他"自己"的周记。

四、作业抄袭风波

但是凡凡刚读完第一段,小蓝就对典三三气愤地说:"这哪是凡凡的周记,这明明是网络上别人写的一篇观察周记。他这是抄袭,是不道德的行为!""啊?"三三很惊讶,"小蓝,你是怎么知道的?""我怎么能不知道?你别忘了,我们可是比你们的科技发达得多。我一瞬间就能匹配出和他重合度最高的资料。"听到这里,典三三坐不住了,他一下子站起来,大声对老师说:"凡凡这篇周记不是他自己写的,是从网上抄的别人的!"凡凡没想到有人能看出来这是从网络上抄袭的周记,瞬间石化了,站在那里不知道该如何是好。科学老师也愣了一下,但大概也明白了是怎么回事。于是冷静地问凡凡:"凡凡同学,这是你自己写的还是从网络上抄的?"凡凡开始还想嘴硬,说:"我自己写的。"但他明显已经有点心虚了。老师已经看出了事情的原委,但没有马上批评凡凡,也没有对三三说什么,而是告诉他们放学后一起到办公室来一趟。

放学后,三三和凡凡来到老师办公室,科学老师又问凡凡是不是在网上抄的,凡凡还是不愿意承认,老师为了让他彻底死心,就打开电脑,把他周记的前面一段话输入网络搜索,结果马上出现了一篇一模一样的文章。凡凡这次不敢再嘴硬了,只好承认是从网上抄袭的。但他反问老师:"虽然是从网上抄来的,但那也是我自己找到的。而且,那篇周记也没有说不让别人抄啊。"老师指着网络上的一行字"版权所有",对凡凡说:"这就表示别人保留了版权,不能随便引用或者抄袭,不能据为己有,对这份资料的任何使用都要经过版权拥有者的同意。""啊!原来是这样啊!"凡凡恍然大悟,"我以为别人放到网上的资料都能随便抄、随便拿来用呢。"科学老师说："那肯定不是，有版权标识的资料，都需要经过版权所有人同意才能使用。而且网络资料默认具有版权，即使没有版权标识，也不能随便据为己有。"老师这时突然转身问三三："三三，你是怎么发现凡凡的周记是抄的？你不会也从网络上抄了吧？""啊？这？"典三三想，"我可不能出卖小蓝，这么有本事的朋友必须保护好，这是我和小蓝之间的秘密。"于是他眼珠一转对老师说："老师，我确实看到了网络上的这篇周记，但我发誓我真的没有抄袭！""好吧，我相信你。"老师说，"记住，用什么资料都要遵守版权规定。"三三和凡凡同时点了点头。老师又找时间在全班同学面前上了一堂版权保护课，算是平息了这场作业抄袭风波。

小知识

　　保护版权是一个需要从小培养的意识，只有尊重原创的版权，社会创新才能得到保护，知识产品创作才有活力。版权不光包括书籍和文章，还包括软件及艺术作品等一系列智力活动的成果。网络资料中的"Copyright Reserved"或"版权所有"声明，或者"©"符号，都表示资料作者或所有人拥有全部版权，任何人不经同意，不得随意使用。网络上的资料即使没有标注版权标识，也会被默认有版权，不可随意抄袭或者引用。

五、10元是十块钱还是两块钱？

本学期刚刚过去几周，典三三所在的学校开设了信息课程，教室就设在三层的机房。大家都对电脑充满好奇，感觉电脑无所不能，甚至还能玩游戏。但平时在家里家长都不让使用电脑，所以都对信息课充满了期待，想早点探索电脑里的秘密。

一开始，信息课老师并没有急于给大家讲怎么使用电脑，而是问同学们知不知道电脑数据使用几进制。大家一下子有点傻眼，几进制？由于确实没有了解过，再加上平时大家接触的和学习的都是十进制，所以几乎所有同学都说是十进制，但老师一直不吱声。典三三也刚想说十进制，小蓝突然阻止他说："别乱说，你们的电脑里使用的是二进制。""二进制？听都没听说过，真的假的？二进制是个什么东西?"典三三疑惑地想。小蓝自信地说:"放心,我不会骗你的,就是二进制。"典三三转念一想,小蓝可不是一般人,本事很大,应该没有错,于是在全班一片十进制的声音当中,大声说:"是二进制!"全班一下子安静了,纷纷小声议论二进制是个什么进制。

但此时老师露出了欣喜的表情,对典三三说:"三三,你再说一遍。"典三三站起来说:"是二进制。""好!"老师高兴地说,"三三同学是全班唯一一个答对的。""哦耶!"三三非常兴奋,真是扬眉吐气啊。但老师并没有马上让他坐下,而是追问了一句:"三三,你是怎么知道的?"这个问题一下子把典三三问住了,不能出卖小蓝啊,但又不能撒谎,怎么办?小蓝偷偷说:"没关系三三,你就告诉老师有人对你说过。"典三三照做了,老师这才满意地让他坐下。

五、10元是十块钱还是两块钱？

信息老师接着问大家："还记得十进制数有几个基本数字吗？都是哪些？""这个我知道！"这个问题没有难住大家，异口同声地说："十个，从0到9。""好的，"老师接着说，"计算机里使用的进制是二进制，基本数字是0和1，没有超过1的数，就像十进制基本数字里没有超过9的数一样。比如二进制的00（零零）表示十进制的0，01（零壹）表示1，10（壹零）表示2，11（壹壹）表示3，也就是逢二进一。有个笑话说，世界上有10（壹零，二进制的10表示十进制的2）种人，懂二进制的和不懂二进制的。""哦，好好玩哦！"大家议论纷纷。老师又给大家解释道："其实，最开始研究计算工具时，还是希望能实现我们人类最熟悉的十进制。但是研制计算机时，发现采用二进制最简单，而且最初使用的器件是电子管，非常适合表示两种状态，能对应两个数字，所以计算机就在开发过程中采用了二进制，并且一直沿用了下来。""对对对！"这时小蓝偷偷对典三三说，"我们的星球上，因为采用的其他材料做计算机，所以就不是使用的二进制。速度比你们的计算机快几百倍，就跟步行和开车的速度差异一样。"三三非常惊讶，心想："你们这么厉害吗？怪不得能跑到我们这里来，而且像孙悟空一样有本事。"

放学后，典三三脑袋里还一直回想着二进制的事情。吃晚饭时，典三三跟妈妈要钱到快餐店买汉堡。在快餐店里他要了两个汉堡，每个5块钱。到了结账的地方，收银员阿姨输入信息，屏幕上显示出商品明细以及一行字"应付账款10元"。典三三脑子突然又犯二了，他想起信息课上老师说过二进制的10（壹零）表示十进制的2，于是想显摆一下，对阿姨说："阿姨，应付1（壹）0（零）元，这个数字是二进制的还是十进制的？如果二进制的，那我就该给你十进制的两块钱，如果是十进制的，那我才需要给你十块钱。"阿姨没听明白，一下子愣住了，问典三三："小朋友，你说什么？不是显示得很清楚吗？什么二进制十进制？你觉得你该给多少钱？"三三神秘兮兮地说："阿姨，我觉得这是二进制的1和0，我该付两块钱。"阿姨一听一下子跳起来了，大声喊："保安快来！有个小孩想吃霸王餐！"典三三给吓蒙了，没想到会是这个结果，赶紧举手，说："阿姨我错了，是十块钱，我马上付款，千万别抓我！"阿姨这才放过他，让他回去了。

五、10元是十块钱还是两块钱?

> **小知识**
>
> 　　数字的进制,理论上可以有无限多种,当前计算机里的进制采用的是二进制。其中所采用的元器件,不管是最初的电子管还是后来的晶体管,都非常适合表示两种状态,比如高电压或者低电压,电流导通或者截止等。但这并不是意味着计算机天然就必须采用二进制,如果有其他合适的材料或者技术,可以方便地表示比二进制更高的进制,并且可以准确快速地识别处理,那么也可以采用其他进制。由于更高的进制在单个器件上能表示更多数字信息,因此理论上可以比现有二进制计算机的信息密度更高、处理能力更强。

六、发电

典三三平时上学都是由爸爸开车接送，有一天家里的汽车坏了，爸爸带着典三三坐公交车上学。虽然典三三以前有时也坐公交、地铁等交通工具，但这天还是让他有了新奇的发现。

在上公交车时，爸爸和三三分别拿出公交卡刷卡付费，随着滴滴的声音，完成了上车刷卡，公交车读卡器上显示了两张卡的余额。在下车时，爸爸和三三又拿出公交卡刷卡，这次显示的是扣除的费用和剩余的金额。本来这是一次普普通通的上学之路，但三三突然想："我手里的小小公交卡，怎么里面能记录我的余额？还能知道扣多少钱剩多少钱？"

带着这些疑问，典三三一上午心神不宁，课都没听好。但问了

六、发电

周围几个铁杆同学,他们也都不知道是怎么回事。本来大家商量好到信息课上问问老师,但三三心急如焚,心里像猫抓一样,实在等不及了。怎么办?唉!对呀,小蓝肯定知道!于是三三把手指比作心形,然后连说三声"你来呀",小蓝的光影果然出现了。典三三赶紧问:"小蓝,你快告诉我,公交卡为什么知道我的余额?还知道每次扣多少钱,剩多少钱?快说快说,急死我了。"

小蓝说:"三三,你别急,等我慢慢讲。你的公交卡是一种集成电路卡,也就是人们常说的IC卡,IC(Integrated Circuit)就是集成电路的意思。别看这种卡片不大而且很薄,但智能IC卡里面有处理器、存储器、线路等必要部件,其实和你在信息课上用的电脑一样,是一个完整的信息处理系统。""哈哈哈,你开什么玩笑!我上课用的电脑,没有电源都启动不起来,这个卡片的电源在哪里?难道里面有电池?肯定不对啊,我从来没见过这么薄的电池,再说,电池的电用光了怎么更换?我可从来没有见过谁给IC卡换电池,你肯定是在骗我。"小蓝诚恳地说:"我真的没有骗你,你想想,我之前哪次对你说的话是假的?""嗯,这倒也是。那可奇了怪了,这玩意儿的电源在哪里啊?"小蓝这时接着说:"你别着急,我给你介绍一下,你手里的IC卡有两种,一种是接触式的,外面会露着一个金黄色的金属小方块,还有一种就是公交卡这样的非接触式的,外面都被硬塑料封装住了。"

"对对对,你一说我想起来了,确实有两种,好像妈妈的银行卡就是另一种那个样子,露着一个金属小方块。""三三,谁的银行卡都是这样,爸爸的也是这样。""哦,我爸爸银行卡都在妈妈那里……""好吧,我们还是说正事,你手里的公交卡是非接触式的IC卡,我今天就单独说一下这种非接触式卡。"三三说:"我已经看出来了,但还是没看到电源啊,你快说。"小蓝不紧不慢地说:"你别着急嘛,我得一点点讲清楚。非接触式卡里确实没有电源,但里面有个发电设备。""什么?!你还说你没骗我!"三三眼睛瞪得滴溜圆:"卡片里有发电设备?难道还有发电厂?简直是太搞笑了吧。你是不是还想告诉我里面有个微型世界,有好多小人在发电厂里面工作?"

　　小蓝一听生气了:"好好!既然你一直怀疑我,我就不说了,你自己琢磨去吧!"典三三一看小蓝真生气了,转念一想,自己确实太着急了些,还是听小蓝把话说完再判断是不是可信吧!于是他对小蓝说:"好吧,我不打断你了,求求你继续说吧。"小蓝哼了一声,气愤地说:"你一直怀疑我,我受不了了,不说了。"三三只好哀求道:"好吧好吧,我以后绝对无条件信任你,求求你快说。"小蓝看他这么诚恳,才慢慢说:"好吧。是这样的,卡片里的芯片都是很小很小的微芯片,所需要的能量很少,一点点电流就能驱动它们正常工作。你注意了没有,这种非接触式的IC卡,都需要贴近一种叫刷卡机或者读卡器的设备才能使用?"典三三头点得像小鸡啄米一样:"是的是的,公交车上就有,刷卡用的。""其实读卡器采用的是射频识别技术,时时刻刻在发射短距离的电磁波,一般有效距离在几厘米到十几厘米。读卡器和IC卡片之间传输信息的方式有两种。一种是靠电波反射信号读取IC卡中的信息。还有一种是在IC卡中放置了感应线圈,当IC卡靠近读卡器时,感应线圈就会产生电流，让卡片中的微芯片工作起来，就像打开了电脑的电源一样，把卡里保存的数据传给读卡器，或者把新数据从读卡器写进IC卡。你平时用的饭卡、公交卡就是第二种。"

典三三听的眼睛都直了，像是发现了新大陆，兴奋地说："我知道了，怪不得每次坐公交车刷卡都要离读卡器近一点才行。"小蓝看典三三似乎听明白了，也很高兴。三三听到这里更开心了："哇！原来刷卡时就类似让一个发电厂在发电啊！这也太好玩了吧！"

这天放学后，因为爸爸担心晚高峰等公交车的时间太长，三三饿得受不了，于是决定带三三在单位食堂吃过饭再回家。三三爸爸

的食堂有自助餐,拿着单位的饭卡每次刷10块钱就可以打一份自助餐。爸爸先打了一份之后,三三对他爸爸说要自力更生,自己去打一份饭,爸爸一听还挺高兴,觉得儿子自理能力又提高了,就把饭卡给三三让他自己去打饭。爸爸坐好后等三三,但是左等也不来,右等也不来,他疑惑地往打饭的地方看去,把爸爸吓了一跳。只见入口处里三层外三层围了一堆人,都在交头接耳议论纷纷。爸爸的直觉告诉他,可能是三三在捣乱,于是赶紧跑过去看个究竟。他挤进人堆里一看,果然是典三三!只见他拿着爸爸的饭卡对着刷卡机,左刷一下,嘀一声,右刷一下,再嘀一声,三三正不停刷卡呢。爸爸气得脸都红了,赶紧制止了三三,拿着卡对着读卡机一看,原来里面有一百多块钱,现在已经快被刷光了。爸爸把三三拉

出人群，以免他继续扰乱食堂秩序。爸爸非常生气地问："三三你在干什么？饭没打到，钱都被你刷光了！"三三意犹未尽地说："爸爸！你知道吗，我刚才一直在发电呢！快把卡还给我，我再去发发电。""你说什么？看我打不打你！""啊……"三三这才从发电的兴奋中回到现实中来，发现爸爸真的发怒了，吓得饭也不吃了，赶紧逃跑了。

小知识

平时常用的非接触式IC卡，采用了射频识别技术。射频识别（RFID）是Radio Frequency Identification的缩写，它是一种非接触式的数据通信技术，能实现识别目标的目的。RFID的应用非常广泛，在物流、电子设备、物联网中得到广泛应用。一套完整的RFID系统，由读卡器与电子标签（卡片）及应用软件系统三个部分所组成。读卡器发射一个特定频率的无线电波，产生感应电流从而驱动电路工作，此时读卡器便能收发数据，传递给应用程序做相应的处理。

七、便宜货不便宜

最近,在典三三的同学中间开始流行一本关于地理知识的书籍。这本书不仅讲述了地球的基本构造,还讲解了能源、矿产、植被、海洋、地质演变、化石等方面的知识,采用铜版纸彩色印刷,非常精美。但因为编写过程非常困难,加上印刷成本比较高,所以价格不菲,售价要75块钱。尽管很贵,因为这本书非常好看,又能学到很多地理知识,典三三的好多同学都购买了,天天拿到学校去看。典三三也心痒难耐,非常想买一本。

但不巧的是,因为典三三最近学习不认真,考试成绩不好,所以三三妈妈最初并不同意买。于是三三采用"降妈大法":软磨硬泡。他天天在妈妈面前念叨,时间长了终于把妈妈磨得没有办法

七、便宜货不便宜

了。但妈妈也不想轻易答应，于是和三三约法三章：三三考试到90分以上，就能挣10块钱，到85分和90分之间，能挣5块钱，到70分和85分之间不挣钱，但70分以下，就要扣5块钱。典三三虽然觉得过程太漫长了，而且以他对自己学习水平的了解，对短时间内挣到75块钱没有太大的信心，但能让老妈同意这个方案已经非常不容易了，总比一点希望都没有强，于是三三勉强答应了。

需求就是动力。三三为了能买到日思夜想的书，上课开始集中精力认真听讲了。但他学习确实不咋地，尽管拼了老命，但大部分时间也就能挣5块钱，偶尔能挣10块钱，倒霉的时候还会被扣钱，经过一个多月的"努力奋斗"，反反复复好歹挣到了35块钱。但这对三三来说实在是太慢了，他都快坚持不下去了。

就在三三为了买书反复挣扎，已经有点心灰意冷的时候，天上突然掉下来一个大"馅饼"。一天，他放学回家后出去玩，发现路边有个人临时摆了个小书摊，周围不少人在围着看热闹。三三就是那种有热闹忍不住要往前凑的人，于是他也挤到人堆里去看个究竟。只见那个小书摊虽然不大，但里面全是大家喜欢看的书，突然三三两眼放光，其中居然有他心心念念的那本地理书。更让他想不到的是，摊主居然标价只要30块钱！"哈哈哈，真是得来全不费功夫！"三三心里那个激动啊。他赶紧对摊主说："叔叔，你这本书真的只要30块钱？"摊主笑嘻嘻地说："当然啊，小朋友，我这里就是只要30块钱。"三三连忙对摊主说："叔叔，你这本书别卖给别人，我这就回家拿钱，一会儿就回来，你千万别给别人了！"说完恨不得插上两只翅膀飞回家去取钱。旁边一位邻居大妈提醒他说:"三三,你都不看看书怎么样吗?这么便宜会不会有问题?"三三生怕书被别人抢走了,已经顾不得那么多,根本没有听进去别人在说什么,飞一样跑回家去了。

三三从存钱罐里取出30块钱,又飞一样返回了小书摊。他把钱往摊主手里一放,抱起地理书头也不回地跑掉了,那个样子就像有人要从他怀里抢走或者怕摊主反悔不卖了一样。回到家,妈妈已经做好饭,三三没敢说他已经买到了心爱的地理书,为了不让爸爸妈妈发现,就先把书小心翼翼地藏到书包里,准备第二天带到学校再好好欣赏。

第二天,三三来到了学校。早读时间,他心里一直痒痒的,想

七、便宜货不便宜

把书拿出来显摆显摆,但一直没有机会。终于到了课间,三三兴奋地拿出地理书,对着凡凡等几个好朋友晃了晃,得意扬扬地说:"看!我也有地理书了,而且只花了30块钱!"同学们都知道三三为了买这本书正拼命考试攒钱,但以三三的考试水平,估计猴年马月才能攒够,结果没想到三三这么快就用这么便宜的价格买到了。同学们都想拿三三的书瞧一瞧,看看为啥这么便宜,结果教室里瞬间乱成了一锅粥。正当大家打打闹闹抢着看那本地理书的时候,上课铃声响了。恰巧第二节是科学课,老师走进来发现教室里乱哄哄的,不知道发生了什么事情,就让大家安静下来问是什么情况。大家纷纷喊起来:"老师,典三三花30块钱就买到了那本地理书,真是捡了个大便宜!"科学老师也很惊讶,就把三三的书拿来仔细看了看,前后认真读了几段,心里明白了七八分。

科学老师让大家安静下来,说:"正巧,我们这节课就是要讲地理知识,我们欢迎三三同学借这个机会,把他买到的书给大家读一读,我们一起欣赏一下怎么样?"同学们都很高兴,让三三赶紧读给大家听。三三也很兴奋,觉得有了在全班同学面前露脸的机会,而且是花了不到原价一半的钱买到的书,捡了个大便宜,简直是让别人羡慕嫉妒恨啊。于是他清了清嗓子,选了"能源"这一章开始读:"……化石能源属于不可再生的一次性能源,总有用尽的时候,所以人类要提前考虚,……"三三刚读到这里,大家一脸茫然:"三三,什么叫'考虚'?难道还有'考实'?虚虚实实?""哦……"三三也有点蒙了:"我觉得……我觉得……,对,是'考虑'不是'考虚'。"三三觉得有点丢脸,悻悻地说:

"算了,我给大家读下一章——地球的构造,地球的最外面有一层地壶……""三三等等!什么叫'地壶'?难道还有'天壶'?"三三已经彻底呆住了:"哦,天啊,什么'地壶'?我也不知道啊!"他像找救星一样看着科学老师,老师微笑着说:"三三,不是'地壶',是'地壳'。""对对对!是'地壳'!"三三长嘘一口气,赶紧说:"这部分写得不好,我还是给大家读第三章吧。"三三翻着书找第三章,咦!第三章怎么找不到?目录上明明写着在32页啊!但书里面怎么没有32页呢?三三的眼珠子都快掉出来了,这是怎么了?发生了什么?全班同学都爆笑起来。

科学老师示意大家安静下来,从三三手里拿过那本书说:"同学们,你们注意到没有,三三同学的这本书,和其他同学的比起来,有一些不一样的地方。比如,后面没有ISBN(国际标准图书编

号）等出版信息。"经过科学老师的提醒，大家才注意到三三的书确实和其他人的不太一样。老师接着说："根据缺失的出版信息、里面的错别字情况，还有缺页的情况，以及印刷纸张的质量，可以断定三三买到了一本盗版书。""哦，盗版书，原来是这样啊。"大家好像一下子明白过来了。这时凡凡问："老师，为什么他这本盗版的书这么便宜？"老师说："因为出盗版书的人不尊重作者的劳动，没有支付知识产权费用，并且为了尽量降低成本，没有仔细校对和编辑，所以错别字一堆，还有缺失的内容。而且，很多盗版书为了进一步压缩成本，采用劣质纸张印刷，不仅不清晰，还对人体有害。"

典三三这才恍然大悟，怪不得这本书这么便宜，原来是本盗版书。本来还当个宝贝一样，以为捡到个大便宜，谁知是个害人精。原想在全班同学面前显摆一把，露个小脸，结果却丢了人，看来天下没有免费的午餐，真是便宜货不便宜啊。吃亏买个教训，还是老老实实攒钱买正版书吧。

小知识

盗版图书普遍存在内容错误、混乱，印刷质量低劣等问题。这类图书没有支付知识产权费用，偷逃税款。如果任由盗版图书泛滥，会打击作者的创作积极性，挤占正品市场，最终会损害广大读者的切身利益。所以打击盗版人人有责。

八、电脑里面有饼干

一天，信息课上，老师告诉大家，计算机采用二进制，而且有好多好多的物理材料，都可以用来存储二进制数据，比如电子器件、光盘、磁盘。

三三一直听得迷迷糊糊，很不理解地问老师："计算机都是通上电才能正常工作，不都是应该用电子器件来存储信息吗？"老师说："三三你说得没错，计算机的主存储设备是由电子器件构成的，目前主要采用半导体晶体管作为存储介质。但这并不是说，存储设备就只能用电子器件来制作，比如前面讲的光盘、磁盘，就不是用晶体管存储信息的。为了提高存取速度和密度，以后需要突破现有存储材料的制约，发展新型存储设备。"三三听了依然一头雾

八、电脑里面有饼干

水，但已到放学时间，只好带着疑惑先回家了。

回到家后，三三写完作业，还在想着今天信息课上老师说的话，其他材料存储信息是怎么做到的呢？这也太离奇了吧！就在他冥思苦想的时候，小蓝突然出现了，问三三："你是不是还在想信息课上老师说的话？""对啊对啊，存储器如果不是电子器件做的，为什么还需要电源呢？"小蓝哈哈一笑说："三三，你们老师说的一点都没错！比如我们星球上，会用饼干来存储信息。至于为什么需要电源，是因为不管用什么材料做存储器，都需要电力驱动存储设备读写数据。""啊？！"三三惊得下巴都快掉了，"饼干做的存储器？你开玩笑吧？如果让我看到，估计一会儿就不见了，因为我会忍不住把它吃掉。"

小蓝好像早就看出了三三的疑问，笑嘻嘻地说："地球上的计算机数据是二进制的，所以只要物理材料存在两种状态，理论上都可以用来存储信息。比如灯的开或者关，杯子里有水或者没水。只是在研制过程中，研究人员发现半导体材料密度很高，容易大规模集成，读写速度很快，所以就一直沿用了下来。但确实可以用其他材料制作存储设备。今天我带你开开眼界，到我的秘密实验室参观参观。""你还有秘密基地？快带我去看看！"三三属于那种好奇心很强，喜欢热闹的人。一听小蓝说他有秘密实验室，简直一刻都不想耽误，马上就要去一探究竟。

小蓝想了想说："我可以带你去，但你要答应我把眼睛闭好，我让你睁开的时候你才能睁开。"为了满足好奇心，三三什么条件都能答应，他赶紧说："没问题，没问题！我答应你，快带我去吧，求求你。"小蓝说："那你把眼睛闭好吧。"于是典三三把眼睛闭得紧紧的，只听耳边"嗖嗖"一阵风声，就听小蓝说："可以了，三三，睁开眼睛吧。"三三把眼睛睁开一看，仿佛来到了一个巨大的迷宫，周围都是一排排巨大的盒子，每个盒子里面都有一块饼干，盒子上面都有一个可以抓取东西的机械手。三三好奇地问："小蓝，这就是你的秘密基地啊？"小蓝微笑着说："对，只是我把周围的一切都变大了，现在我们就是在一台电脑内部。""啊？我们到电脑里面来了？太神奇了。那饼干有什么作用？机械手又是干什么的？这台电脑是怎么工作的？"小蓝说："别着急，马上展示给你看。"

只听小蓝喊了一声"启动"，就听到一阵电流流过的嗞嗞声，

八、电脑里面有饼干

随之机械手就开始上下移动。机械手下降到盒子里,抓起饼干,盒子就空了,这时盒子上面的显示屏显示数字"0"。机械手松开,饼干重新落到盒子里,盒子上面的显示屏显示数字"1"。随着机械手的上上下下,显示屏交替显示"0"与"1"。典三三都看呆了,他脑子里已经不想这台电脑是怎么工作的了,觉得这简直就是一个美食世界啊。小蓝得意地说:"三三,你看,盒子里有没有饼干,就可以分别表示数字1或者0,这不就是你信息课上学的二进制数吗?只不过这里不是用地球上常见的电子器件来表示1或者0,而是用有没有饼干来表示。好玩吧?"典三三抹了抹嘴角说:"太好吃了!不不不,是太好玩了!"

小蓝边往前走边说:"三三,看到这一排盒子了吗?一共有8个盒子,目前盒子里有没有饼干的情况是'有无无有有有有有',所以对应的二进制数就是'10011111'。是不是啊,三三?"小蓝问三三,但没有听到三三回答。小蓝又问了一遍:"三三,你看是不是可以用'有没有饼干'代表二进制数?"还是没有人回答。小蓝回头一看,三三不见了,把他吓一跳,使劲喊:"三三,你到哪里去了?不要乱跑,太危险了!"这时,只见一个机械手抓起的不是饼干,而是典三三。三三嘴里塞满了饼干,两只手还各抱着一盒饼干,吃得正香。小蓝说:"三三,你在干什么?你把饼干吃了电脑就没法工作了!"三三边吃饼干边含糊地说:"你这电脑里的饼干太好吃了,要是所有的电脑里面都有饼干就好了,哈哈哈。"

八、电脑里面有饼干

小知识

目前，我们的计算机主要是采用半导体器件（晶体管）来存储二进制数据，此外还可利用光学特性（光盘）和磁特性（磁盘）制作存储数据的设备。理论上，自然界中所有能表示两种状态的物理现象都可以用来表示二进制数，比如存在和消失、黑白两色、正负号、电流开关、电压高低等。这些现象都有用在计算机里表示二进制数据的可能性。科学家的目标就是努力找出集成度更高、速度更快、成本更低的材料，制造出新型存储器，满足更高效的计算需求。

九、他到底是谁

　　一天,三三爸爸回家后愁眉不展,唉声叹气。妈妈赶紧问发生了什么事情,爸爸说:"公司的一份合同,因为检查的时候不仔细,在结算方法一栏写的是'按当时汇率结算',结果双方对'当时'所指的时间在理解上产生了分歧,我方认为是合同签订当天的汇率,但对方认为是结算当天的汇率。因为汇率差距比较大,所以我们公司遭受了一些损失。"三三疑惑地说:"爸爸,你平时对我要求那么严格,怎么犯了这么低级的错误?话都没说清楚。"爸爸懊恼地说:"是啊,平时说话经常会出现歧义,觉得不是什么大事,但出现在合同里就产生了严重后果。"

九、他到底是谁

三三听到爸爸说的"歧义"两个字,很不理解,问:"爸爸,什么叫歧义?"爸爸说:"歧义就是指同一句话、一个词的意义不明确,有两种或几种可能的解释,也就是可能会出现含义不相同或者不一致的意思。遇到歧义,不同的人有不同的理解,往往就不知道该怎么办了。"三三听到这里更迷惑了,问:"我们平时说话不是都能听得明明白白吗?怎么会产生歧义呢?"爸爸说:"三三,其实我们平时所用的语言,不管是汉语还是外语,都属于自然语言的一种,不是特别严谨,是经常会产生歧义的。我这个合同就是一个典型的例子。"三三笑着说:"爸爸,我觉得我们平时说话够清楚了,不会有什么歧义。"爸爸摇摇头说:"别说大话,等你遇到了就知道什么是歧义了。"

这段时间,老师让同学们读四大名著,并且说如果看原版有困难,可以先从简化版开始看。因为简化版容易阅读又比较简短,所以大家一股脑去学校门口的小书店里购买，很快简化版就卖光了。三三和凡凡想看《西游记》，大鹏想看《三国演义》，但凡凡和大鹏下手慢了，都没有买到。而三三因为上次买盗版书花了不少钱，没有足够的钱买书，于是就和凡凡商量，等凡凡买到了，先借他看看，凡凡答应了。

书店里一直没有到货，三三、凡凡和大鹏都等得不耐烦了。一天放学后，三三收拾好书包刚要回家，迎面遇到同学灵灵，灵灵对三三说："三三，今天小书店进了一本简化版图书，听凡凡对大鹏说，他要的书到货了。"三三听了非常高兴，说："终于可以看到《西游记》了，耶！"说完一溜烟跑出教室找凡凡借书去了。

三三找到凡凡时，凡凡正在操场上踢球。三三把满头大汗的凡凡从球场上拽下来，急不可耐地说："凡凡，你答应我的，《西游记》简化版到了先借给我看看。赶紧给我吧。"凡凡一头雾水，对三三说："我的《西游记》还没到货啊？怎么借给你？"三三以为凡凡反悔了，不想借给他看，就生气地说："你当初可是答应我的，怎么能反悔？你如果说话不算话，我以后也不拿自己的玩具给你玩了。"凡凡一听也急了，说："我又没骗你，我一直在这里踢球，不信你看看我的书包里，根本就没有《西游记》啊。"三三也愣住了，看凡凡急得脸都红了，不像在欺骗自己，心想："难道是灵灵在骗我？不能啊，灵灵从来不说谎的。这是怎么回事？"

九、他到底是谁

三三闷闷不乐地回到家里,一直很郁闷。爸爸看到了,问:"三三,你在学校遇到什么不开心的事了吗?"三三说:"今天灵灵对我说凡凡的《西游记》买到了,凡凡以前答应我买到了先借给我看,但他自己偏偏说还没买到。灵灵从来不说谎话,但凡凡也不像撒谎的样子。反正我现在不知道书买没买到,也没有书看,我也不知道他们谁在说假话。"爸爸也挺纳闷,不知道哪里出了问题,就对三三说:"这样,我们来破破案,看看问题到底出在哪里。你把当时发生的一切,原原本本对我描述一遍。"于是三三就把书店简化版名著怎么抢手,怎么和凡凡商量借书,灵灵怎么告诉他凡凡买到书,凡凡怎么否认买到书的经过,对爸爸详细说了一遍。爸爸紧锁眉头,认真听三三说的每一个细节,努力从蛛丝马迹中寻找答案。

通过一遍又一遍琢磨三三讲的过程,爸爸慢慢明白了问题出在哪里。他对三三说:"灵灵没有说假话,凡凡也没有撒谎,问题就出在语言理解的歧义上。"三三不解地问:"怎么又是歧义?我没觉得有什么歧义啊?"爸爸问三三:"灵灵说'他要的书到货了'时,说'他'是谁了吗?"三三回答:"没有。灵灵说的'他'肯定是指凡凡啊。""那可不一定,你仔细想想,'听凡凡对大鹏说,他要的书到货了',这个'他'也可能是指大鹏呢。"三三一听,猛地一拍大腿:"对啊!也可能是大鹏要的《三国演义》到了,这也完全讲得通。"

第二天一到学校,三三就问大鹏:"你的《三国演义》到货没有?"大鹏得意地说:"到了,昨天凡凡告诉我的,他特别羡慕我呢。"三三听了恍然大悟,对凡凡说:"昨天是我误会你了,我不知道'他'到底是谁,以为'他'就是你呢。"凡凡听得一头雾水,问三三:"你在说什么?什么'他'什么'我'?"于是三三

九、他到底是谁

把事情的来龙去脉又对凡凡解释了一遍,凡凡这才明白为什么昨天三三追着他要《西游记》。

回到家里,三三对爸爸说案子已经侦破。但三三还是有点高兴不起来,他问爸爸:"我们平时说的话这么容易造成误会,难道就不存在没有歧义的话吗?"爸爸笑着说:"有歧义其实也是自然语言一个有意思的现象。但要说到没有歧义的语言,当然也是有的。""哦?那是什么语言?"爸爸说:"计算机里的语言,就必须没有歧义,比如在计算机里,'他'就必须要明确是代指'凡凡'还是'大鹏',否则计算机就不知道该执行什么动作了。在计算机里,语法都是严格规定的,每句话都只有一个确定的解释结果,这就叫没有歧义,也叫没有'二义性'。所以那句话在计算机里可以这么说'凡凡对大鹏说,大鹏要的书到货了'。"三三说:"那我们干脆都用计算机的语言说话吧。"爸爸乐呵呵地说:"那可不行,计算机的语言最适合在计算机内部使用,虽然没有二义性,但是太呆板生硬了,远远没有我们平时的语言那么丰富多彩,我们平时还是需要使用自然语言。没有歧义的语言,还是让计算机使用吧。"

三三转头看了一眼书桌上的计算机,顿时感觉它好像没有那么聪明了。这时爸爸好像看出了他的心事,对三三说:"计算机只是一个工具,他很实在,没有那么多心眼,不会猜别人的想法。你让它做的每一件事,都必须很明确。比如遇到一个岔路口,你必须告诉它什么时候朝左走,什么时候朝右走,否则它就会待在原地,前进不了了。"三三心想:"好吧,原来计算机这么呆板。以后我跟计算机说话,不会让它猜来猜去,一定说得明明白白。"

🔊 小知识

计算机算法不能出现二义性。出现二义性时,由于对同一条语句有多种不同的解释,会造成执行路径的不确定性,所以必须消除二义性才能正常执行。消除二义性的目标是使算法具有确定性,在任何条件下,算法有唯一的一条执行路径,即对于相同的输入只能得出相同的输出。

十、三种万能颜色

三三的同学灵灵是个心灵手巧的孩子,她特别喜欢绘画,尤其喜欢水彩画。灵灵擅长画花草,她的作品色彩鲜艳,栩栩如生,三三非常崇拜她。

一天放学后,灵灵又带着颜料盒和画笔去兴趣班学绘画。三三看着那个小小的颜料盒,突然感觉很好奇,他问灵灵:"你这个盒子里装了多少种颜料?"灵灵说:"我常用的颜料是18色或者24色的。"三三问灵灵:"我能打开看看吗?"灵灵大方地说:"没问题,给你看看吧。"三三打开颜料盒,发现里面有各种颜色的颜料,颜料管上标注了颜色的名称,比如"朱红""淡绿"等。三三惊叹一声:"好多啊!"但他又想到一个问题:"灵灵,不对啊,我记得你上次画的花朵,有一些颜色是这里面没有的,难道你还有另外一盒颜料?"灵灵嘻嘻笑着说:"不是的,我就这一盒颜料,如果需要更多种颜色,万一颜料盒里又没有的话,可以用盒里的颜料混合调色出来。比如,红色混合上黄色,就可以调出橙色,黄色加蓝色,其实就是绿色。"三三张大嘴巴,感叹道:"这么神奇的吗?怪不得你的画色彩缤纷,我还以为你带了无数种颜料呢,原来都是调出来的。"灵灵得意地说:"那当然!自然界中有无数种颜色,怎么可能带那么多颜料?"三三信服地点了点头。

三三回到家里,发现爸爸妈妈还没下班,便打开电视看动画片。正看得高兴,突然小蓝出现了,他对三三说:"三三,你怎么还不赶紧做作业?"三三一脸不耐烦,说:"爸爸妈妈还没回来,正好抓紧时间看看喜欢的动画片,别烦我,别烦我。"小蓝说:

十、三种万能颜色

"你看的这些动画片好幼稚啊,什么知识也没有,看着好无聊。"三三有些生气了,说:"看个动画片还要学什么知识,求求你别像我妈妈那么啰唆,干什么都要先想想能不能学到知识。"小蓝说:"三三,那你崇不崇拜灵灵?你想不想知道为什么电视画面是彩色的?知不知道电视屏幕里也有'颜料盒'?"这句话勾起了三三的好奇心:"小蓝,你不会是开玩笑吧?电视里怎么会有颜料盒?"小蓝说:"你看这些无聊的动画片实在是浪费时间,不如我带你探索一下电视机彩色画面的秘密。"三三毫不犹豫地点了点头。

小蓝又让三三闭上眼睛,带他去了自己的秘密实验室。当三三睁开眼睛之后,发现他面前立着像一堵墙一样巨大的电视屏幕,但和平时看到的屏幕感觉不一样的是,这个大屏幕是由一块一块发光的小方块平铺组成的,这些小方块花花绿绿,非常鲜艳。小蓝对三三说:"三三你看,我把电视屏幕的每个部分都放大了几十倍,就是现在这个样子。"三三笑起来:"小蓝,你别瞎说了,我平时看到的屏幕画面那么清晰,你这个是一个一个小方块组成的,怎么可能是电视屏幕?"小蓝说:"你平时看到的画面清晰,没看到小方块,是因为正常的屏幕尺寸中,小方块太小了,人眼已经注意不到了。其实你拿放大镜把家里的电视屏幕放大几倍看,也能看到这些小方块,或者小圆点。"

三三问:"那这些小方块是干什么的?"小蓝说:"这些小方块就是屏幕上的像素点,它们密密麻麻地排成一行行一列列,就像一个方阵一样,每个小方块显示一张画面中的一个局部点,整个屏幕就显示出完整的画面,就像你平时玩的拼图画一样。""哦,这个太好玩了。"三三观察着这些方块，突然好像发现了什么，问小蓝："为什么每个方块里好像都有三个彩色点点？"小蓝说："三三，你说对了，每个方块里面确实都有三个彩色的点儿，你再仔细看看，这些点是什么颜色的？"三三仔细检查了几个方块，发现每个方块里面的彩色点儿，都是红绿蓝三种颜色。三三不解地问："怎么都是红绿蓝三种颜色？"

小蓝故作神秘地说："你还记得我对你说过电视屏幕里也有'颜料盒'吗？""记得记得！我刚才正要问你呢，颜料盒在哪里？"小蓝说："三三，每个方块里的三个彩色的点儿，就是'颜料盒'。"三三挠了挠头说："开什么玩笑呢？这三个彩色的亮点怎么就是颜料盒了？"小蓝解释道："你还记得灵灵用颜料的调色方法吗？其实这个屏幕的显示原理和颜料调色是一样的。比如红绿蓝三种颜色亮度一样，就是白色或者灰色，如果亮度不一样，就会调出其他颜色。"三三问："小蓝，才三种颜色，那调不出几种颜色吧？灵灵人家可是至少用十几种颜色呢。""三三，那你就错了，屏幕可以把红绿蓝中的每种颜色都采用几百种亮度调色，组合起来，可以轻松调出几百万种甚至上千万种颜色呢。"

三三听到后，惊讶得下巴都快掉了："小蓝，你没开玩笑吧？三种颜色就能调出上千万种其他颜色？太不可思议了吧！"小蓝哈哈笑起来："你没听错，确实是只需要这三种颜色，就能变换出上千万种颜色，所以我们看到的电视画面才那么丰富多彩。"三三好像想起了什么，问小蓝："小蓝，不对啊，我看到的每个小方块里面都有三种颜色，没看出能调出别的什么颜色啊？"小蓝说："那

十、三种万能颜色

是因为我放大了屏幕,而你又离屏幕太近了,这三种颜色的光线还没有混合在一起就进入了你的眼睛里,所以你看到的红绿蓝是分开的情况。下面我给你变个魔术。"一听变魔术,三三又兴奋了,让小蓝赶紧表演。

小蓝先让三三靠近屏幕的小方块,然后让每个方块里面的红绿蓝变成最亮,然后让三三后退,当三三退到足够远的地方,很神奇地发现整个屏幕看上去不再是一个个彩色的小方块,而是变成了一片白色。然后小蓝再让三三靠近屏幕,说声"变",三三发现每个小方块里面的蓝色变得很暗,看不清楚了,只剩下红色和绿色。小蓝再一次让三三后退,当三三退到足够远的地方,奇迹又一次发生了!整个屏幕变成一片黄色!三三高兴地手舞足蹈,对小蓝大喊:"小蓝你快看!屏幕离远了和在近处看到的颜色不一样了!"

小蓝说:"三三,你不想知道为什么会这样吗?""当然想,

你赶紧说，这么神奇是怎么回事？""其实就像我刚刚说的，如果你离屏幕太近，三种颜色光线来不及混合就进入了你的眼睛，眼睛看到的三色就是分开的。但如果离得足够远，三种颜色的光线就混合起来进入人眼，就能看到类似水彩画调色之后的效果。"三三恍然大悟："哦，原来是这样的啊！看来电视屏幕里还真是有个调色板一样。"

小蓝得意地又说了一声"变"，三三看到每个小方块里红绿蓝三种颜色，亮和暗的变化各不相同。小蓝领着三三慢慢离开，三三看到整个屏幕在眼中逐渐变成了一朵美丽的花朵，五彩缤纷，鲜艳夺目。红绿蓝真是三种万能的颜色，三三禁不住啧啧称夸。

小知识

屏幕中的红绿蓝（Red、Green、Blue，RGB），也被称为三种基本颜色，简称三基色。通过调整三种颜色的亮度，可以混合出其他各种不同的颜色。根据调整亮度的二进制位数不同（也就是调整的精细程度不同，位数越多，调整能力越强越精细），又可以分为中等彩色和真彩色（一般要求24位二进制以上）。我们在屏幕上看到的像素点上呈现的所有颜色，都是由红绿蓝这三基色混合出来的。但需要指出的是，虽然屏幕使用的三基色是红绿蓝，但并不代表只能使用红绿蓝三种颜色做基色，也可以使用其他三种颜色，同样能达到调色的目的。

十一、神秘的符号

最近典三三喜欢上了侦探小说,对里面各种警察抓小偷的情节十分着迷。三三发现小说里经常出现的一个场景是,小偷作案前往往会去要偷窃的地方"踩点",也就是观察房间主人的生活规律,然后用一些大家都看不懂的神秘符号,标注家里有多少人、几点上班、几点回家等信息,等到家里没人时就动手盗窃。

三三看了几部侦探小说后,变得疑神疑鬼,觉得周围处处都是坏人,黑夜里仿佛充满了罪恶的眼睛,看谁都像要来他家偷他的玩具似的。于是他把自己心爱的积木、巧克力、漫画书都藏到自认为最安全的地方,比如床下面、抽屉夹缝里。就这样还不放心,每天睡觉前,都要把自己的宝贝检查一遍才能睡踏实。

一天，三三回到家，准备写作文，需要打个草稿，他把平时常用的草稿纸拿出来正要写，突然发现草稿纸上居然有一堆神秘的符号！

◇ ⊙ ◇
∞ ∩ * >
————————
* ▽ ∩ ⊙

三三当时脑袋嗡嗡响了起来，一下子想起侦探小说里窃贼偷盗前做的神秘符号。他赶紧把藏好的所有宝贝统统检查了一遍，忙得满头大汗，直到确定一样没丢，才长嘘一口气，累得瘫倒在椅子上。当天晚上，三三一直在猜这些神秘符号的意思，弄得一夜都没休息好。

第二天放学回家后，三三由于前一天没睡好，加上白天玩得很

十一、神秘的符号

疯狂,所以坐在书桌前就想打瞌睡。突然,他发现昨天的草稿纸上又多了一堆神秘符号!

$$\begin{array}{ccc} \triangle & \cup & \square \\ \propto & \odot & \triangledown \\ \hline \triangle & \triangledown & \cap \end{array}$$

三三瞬间像触电了一样,一下子清醒了。他又迅速把自己藏在各处的宝贝检查了一遍,确定没有被人偷走,再次累出了一身汗。这也太奇怪了,东西都没丢,那这些符号是谁写的?是什么意思?三三再也坐不住了,赶紧拿着草稿纸去找爸爸。

"爸爸,快来看看,咱们家是不是进贼了?这是不是小偷踩点

做的符号？"爸爸妈妈听到典三三的话也吓了一跳，赶紧过来看，爸妈看完之后，也猜不透这些符号代表什么含义，两个人面面相觑，不知道是什么情况。但爸爸很认真地说："三三，虽然我不知道这些符号是谁写的，也不知道代表什么意思，但我确信家里没有进小偷。你推测一下，如果是小偷写的符号，他应该带走啊，留在家里不就被我们发现了吗？"三三想想的确有道理，才不往小偷身上想了。但大家一起琢磨好久也没看出这些符号到底是什么意思。后来时间久了，家里没有出什么状况，三三慢慢也就把这事忘记了，那张草稿纸也不知道被扔哪了。

一天晚上，三三正在写作业，小蓝突然出现了，他着急地问三三："三三，你前几天用的那张草稿纸在哪里？怎么不见了？"典三三一脸疑惑："哪张草稿纸？""就是你本来准备写作文草稿的那张纸！"三三一下子想起来了："哦，小蓝，你是说有神秘符号的那张草稿纸吗？"小蓝也愣了一下，马上明白了："三三，那不是神秘符号，那是我列的算式，在计算我们星球发来的一条数据信息。"三三笑起来："小蓝，那上面哪有什么算式，都是一堆我看不懂的奇怪符号。"小蓝着急地说："那个算式是我怕忘记了顺手写在草稿纸上的，我还有用，你快拿出来我给你解释解释你就明白了。"

于是三三和小蓝分头翻箱倒柜，最后终于在废纸篓里把那张草稿纸找到了。三三指着上面的符号对小蓝说："你看，这上面哪有什么算式，只有这些神秘符号。我当时以为家里进小偷了。"小蓝解释说："这就是我用我们贝塔星球的数字列的算式。"三三问：

十一、神秘的符号

"算式?这上面可是一个数字都没有。"小蓝说:"我给你解释一下。我们贝塔星和你们地球使用不一样的数字符号,对应关系是这样的。"说完小蓝拿张纸写出了一串地球数字符号和贝塔星数字符号的对应关系(见表1)。

表1 地球数字符号和对应的贝塔星数字符号

地球数字符号	对应的贝塔数字符号	地球数字符号	对应的贝塔数字符号
0	□	1	*
2	△	3	▽
4	◎	5	⊙
6	◇	7	∩
8	∪	9	>
+	∞	−	∝

小蓝接着说:"我在那张纸上列了两个算式,翻译成地球算式就是这样的。"

```
  656
+ 719
─────
 1375

  280
−  43
─────
  237
```

三三一个个仔细对照了一遍,嘿!你别说,还真是两个算式。三三一拍大腿,对小蓝说:"我想起来了,你曾经说过你们星球上

'1'的符号是'*'。""对,就是这个意思。"三三觉得就像侦破了一个大案一样兴奋,这几天的疑惑一扫而光。

但三三随后又问小蓝:"你们的数字符号怎么和我们的差别这么大?看着可真别扭。"小蓝哈哈大笑起来说:"三三,谁告诉你只能用0到9这些符号表示数字?就算在你们地球上,能表示数字的也不止这十个符号啊!"三三也笑了,问小蓝:"小蓝,你别开玩笑了,除了0到9,哪有其他数字符号?"小蓝认真地说:"在你们地球上,有一种十六进制数,对应的是十进制数从0到15,比十进制数多了6个基本数字。但因为已有的单个数字符号没法表示9以上的数字了,所以你们人类就用'ABCDEF'来表示十六进制的10到15。也就是说,十六进制数,是从0到F这十六个基本数字。"说完小蓝又给三三画了另外一张对应表(见表2)。

表2 十进制数与对应的十六进制数

十进制数	十六进制数	十进制数	十六进制数
0	0	1	1
2	2	3	3
4	4	5	5
6	6	7	7
8	8	9	9
10	A	11	B
12	C	13	D
14	E	15	F

三三张大嘴巴惊讶地说:"小蓝,你说的是真的吗?我们地球上也有不是数字符号表示的数字?"小蓝说:"其实在十六进制数

里，A、B、C、D、E、F就是数字符号，和0、1、2、3、4、5、6、7、8、9这些数字符号本质上没有什么差别，只是你平时更习惯用它们来表示英文字母而已。"三三听了，似懂非懂，半天没有说话，心想："看来数字符号不一定非要是0到9，以后我也要发明一种符号，只有我一个人能看懂，专门用来写我的小秘密。"想到这里不禁哈哈大笑起来。笑声太大了，把三三爸爸吓了一跳，跑过来问三三："三三你发什么疯啊，半夜三更不安静一会儿，闹什么闹？"三三赶紧闭紧嘴巴，但心里还在得意地笑。

小知识

计算机编程语言中常见的十六进制数，每一位对应4位二进制数，它的基本数字有16个，分别是0、1、2、3、4、5、6、7、8、9、A、B、C、D、E、F。这里的"ABCDEF"用在计数符号中，表示的是数字，对应十进制数10、11、12、13、14、15。有了这些计数符号，就可以在十六进制数中，用单个数字符号表示9以上的基本数字了。

十二、给衣服减肥

三三的妈妈特别喜欢买衣服,每天都觉得自己缺一件最合适的衣服,在遇到商品打折促销的时候,一定会疯狂购买,因此三三和爸爸称妈妈购物狂。家里的衣柜几乎被妈妈的衣服塞满了,三三和爸爸的衣服只能堆在角落里,可怜巴巴的。

一次促销时,妈妈又在网上疯狂购买衣服,爸爸怎么劝都没有用。三三在旁边看着爸爸,也跟着一起摇头。三三问爸爸:"爸爸,妈妈已经有这么多衣服,她还不停地买买买,我们的衣服可怎么办?再这样下去,家里就没有存放咱们两人衣服的地方啦,赶紧想想办法吧!"爸爸听了也皱起了眉头。三三见爸爸愁眉不展,眼睛眨了眨,笑嘻嘻地说:"爸爸,要不你就说咱们家的钱都被妈妈买衣服花光了，破产了。"爸爸摇摇头说："我们家所有的钱都在妈妈手里，她知道没有破产。"三三一听也泄气了。

难道就没有办法阻止妈妈疯狂买衣服吗？三三正挖空心思琢磨点子，突然爸爸喊了一声："有了！"三三吓了一跳，赶紧问爸爸："爸爸，你有办法不让妈妈买衣服了？"爸爸还是摇摇头说："我没办法阻止妈妈买衣服。"三三叹了一口气说："我还以为有办法了呢。"爸爸笑了笑说："三三，虽然我没办法阻止妈妈买衣服，但我可以想办法给妈妈的衣服减肥，给咱俩的衣服腾出地方。"三三一听来了兴趣，衣服还能像人一样减肥吗？"爸爸你快说，怎么给衣服减肥？"爸爸神秘兮兮地说："过几天你就知道了。"

过了几天，爸爸收到一箱快递，他把三三叫来："三三，这就是给妈妈的衣服减肥用的宝贝。"三三高兴得手舞足蹈，喊着："快快！用减肥茶还是减肥药？"爸爸笑着说："都不是。"说完从快递箱里拿出了一堆很结实的塑料袋，这些袋子和平时常用的袋子不太一样，每个袋子除了拉封以外，还带着一个自封圆孔。三三一脸疑惑地问爸爸："这些塑料袋能给妈妈的衣服减肥？"爸爸说："没错！就是靠这些袋子。"

爸爸告诉三三，这些袋子叫真空收纳袋，可以在放入衣服后，把衣服缝隙中的空气抽出来，形成近似真空，体积就会大大缩小。有些厚衣服，比如棉服和羽绒服，可以压缩到只有原来的五分之一，甚至十分之一。三三一听高兴坏了，对爸爸说："我们赶紧开始吧。"爸爸把手放在嘴唇上，做了一个嘘的动作，悄悄对三三说："妈妈最怕她的衣服变得皱皱巴巴，不会同意把她的衣服打成'压缩饼干'，所以要找妈妈不在家的时候干这件事。"于是三三天天期盼妈妈外出，甚至想劝妈妈去外婆家住几天，搞得妈妈怀疑三三想干什么坏事。

终于等来了机会，妈妈的单位派她到外地开几天会。当天晚上放学后，三三就和爸爸一起动手，把妈妈的衣服一件一件叠好塞到真空袋里，然后用抽气筒从圆孔上一点点把里面抽成真空。奇迹出现了，妈妈的衣服变得很小很小，原来塞得满满当当的衣柜，在使用真空收纳袋之后，居然空出了一大半空间！三三和爸爸虽然累得满头是汗，但看到"战果辉煌"，都很高兴，他们的衣服终于有空间存放了。

十二、给衣服减肥

第二天上课时,典三三因为昨晚做成了一件"大事",心里美滋滋的。等到上科学课时,老师对大家说:"同学们,本来今天想给大家拷贝一个多媒体文件,给大家看一些著名的火山资料。但是文件太大了,我的优盘空间不够,很遗憾今天看不了了,等我更换一个容量更大的优盘,再拷贝来给大家看。"本来大家对宏伟的火山都十分感兴趣,听老师这么一说,感觉像被泼了一瓢凉水,非常失望。三三想:"怎么还会空间不够?如果电脑文件能像妈妈的衣服一样,用真空袋压缩就好了。算了,电脑文件怎么能用真空袋压缩呢,太不现实了。"

正当三三胡思乱想的时候,小蓝在三三的脑袋里出现了。小蓝对三三说:"三三,不要怀疑,你的想法是可行的,电脑文件真的可以像放进真空袋一样被压缩。""啊？真的啊？"三三很疑惑："难道电脑文件中也有空气可以被抽出来？"小蓝笑起来："电脑文件中是有'空气'可以抽出来，只不过这个'空气'并不是真的空气，而是一些可以压缩的信息。"三三赶紧问："你快说说，文件里的'空气'怎么抽？"

小蓝说："我给你举个例子你就明白了。比如有一串数字，1111100000，如果正常保存，需要记录十个数字，分别是5个1和5个0，对不对？"三三点点头，小蓝接着说："但是，你可以看到里面有不少连续的数字是重复的，我们可以把它们像空气一样抽出来。比如，保存一个1和5，然后再保存一个0和5。它们分别代表信息以及重复填充的次数。这样只需要记录4个数字'1505'就可以了，比原始文件少了6个数字。"三三点点头说："确实是少了不少，但是我要用这个文件时怎么办？"小蓝说："需要用这个文件时，根据压缩保存的内容，把信息'15'变成'11111'，把'05'变成'00000'。这样就成了原始内容'1111100000'。"三三恍然大悟，对小蓝说："你太厉害了，这种方法真的就像把文件装到真空袋里抽出空气一样，如果已经实现了就太好了。"小蓝说："当然已经实现了。这个技术叫文件压缩，有各种不同的原理和方法，各自适用的文件类型也不一样，但都很好用的。"

三三下课后对科学老师说："老师，有一种方法叫文件压缩，你可以试试，说不定能把文件复制到优盘里。"老师一听眼前一亮："对啊，三三，我知道有文件压缩的方法，但怎么今天没想

十二、给衣服减肥

到?我回去马上就试试。"后来科学老师果然用文件压缩的方法把资料压缩到很小的空间,用优盘复制成功,在课堂上给大家播放了一遍。三三觉得自己帮大家解决了一个大问题,得意极了。

几天后,妈妈出差回来了,打开衣柜一看,她所有的衣服都被收到真空袋里,一件件看上去皱巴巴的,妈妈的火气一下子上来了,喊道:"老典,三三,我不在家,你们怎么能这么对待我心爱的衣服?!"三三和爸爸吓得不敢出声,准备挨训,但妈妈突然又不生气了,高兴地说:"原来衣柜还能腾出这么多空间,我又可以买衣服了,啦啦啦!"三三和爸爸互相看了一眼,无奈摇摇头。

小知识

本节所讲的计算机文件压缩，是无损压缩方法的一种，适用于存在大量连续重复数据的文件。无损压缩还有其他一些压缩方法。无损是指把文件内容压缩后，任何信息都不会丢失，还能把所有原始数据还原出来，一般用于需要精准还原的文档类文件压缩。

十三、装花生

转眼到了秋天,典三三觉得天天上学、做作业很无聊,就想让爸爸带他找个地方出去玩一天。爸爸想了想,对三三说如果他的本次数学单元测验能到90分以上,周末就带他去郊游。

三三一听来了精神,为了梦寐以求的郊游发奋学习,不仅上课听讲效果特别好,而且还主动找老师解答没听懂的内容,生怕漏掉可能的考试内容。老师们都惊讶极了,非常不适应,觉得三三简直是换了一个人。

你还别说,典三三的努力没有白费,这次单元测验他的数学真的考了90分以上,爸爸对这个结果也很满意,答应让三三选个地点全家一起去郊游。三三选了一个以前没去过的森林公园,就等明天一早出发了。

爸爸对三三说："这个森林公园离市区有点远，而且游人少，食品供应点不多，我们中午得在山里吃饭，所以得提前准备全家的午餐。"于是大家又开始计划第二天的午饭带什么。爸爸要带一个保温水瓶、三盒方便面、一包火腿肠。妈妈要求带一包面包、几包小咸菜、几盒酸奶。三三想了想，他觉得妈妈最近买的水煮花生非常好吃，就想带盒花生。

但是爸爸发现三三装花生的饭盒有点小了，装的量只够两个人吃，就对三三说："三三，你这个饭盒太小了，这点花生不够三个人吃啊，换个大饭盒吧。"但三三翻箱倒柜找了半天，也没有找到更大的饭盒。他有点泄气，不知道该怎么办了。

爸爸笑了笑，对三三说："要不然，明天中午我和妈妈吃花生，你就别吃了？"三三一听跳了起来："那可不行！我最喜欢吃这种水煮花生，怎么能不让我吃？你太残忍了吧！"爸爸哈哈大笑："如果你要吃，那我和妈妈就有一个人吃不到了，你说让谁不吃？"三三陷入沉思，是啊，花生如果带得不够，就会有人吃不到，但又没有合适的饭盒了，怎么办呢？他突然灵机一动，对爸爸说："要不然，我们不用饭盒装花生了，换个塑料袋装吧！"爸爸笑着摇了摇头说："塑料袋不环保，还容易漏水，并且非食品级的塑料袋装花生也不卫生。你想想，如果不换塑料袋，就要用这个饭盒，你有没有办法装入更多的花生？"

三三这下有点不知所措了，必须用这个饭盒，还需要装入更多

十三、装花生

的花生,这不是强人所难吗?他刚要向爸爸提出抗议,突然想到了小蓝,对了,看看机智的小蓝有没有什么更好的办法!于是他跑到卧室关好门,把手指比作心形,说了三遍"你来呀",小蓝"嗖"的一声来到了他面前。

三三垂头丧气地对小蓝说:"小蓝,快救救急!"小蓝说:"怎么了?别着急,慢慢说。"三三说:"爸爸答应明天带全家去郊游,中午在森林公园里吃饭,我想带水煮花生。但装花生的饭盒太小,不够三个人吃。但爸爸又要求不能换别的东西装,只能用这个饭盒,你说怎么办呢?快想想办法。"小蓝眨眨眼睛,突然哈哈大笑起来。

三三很生气，对小蓝说："小蓝，你太不够意思了吧，我这里急得抓耳挠腮，你还在旁边幸灾乐祸，是不是不想帮忙？"小蓝笑着说："不是不是，我已经猜到爸爸是怎么想的了，他是故意考考你。"三三一听又高兴了："这么说，不换饭盒，是可以解决装花生的问题的？那你快说说怎么做。"小蓝有条不紊地说："我先问你一个问题，你吃水煮花生，是吃花生壳还是吃花生仁？"

这下轮到三三哈哈大笑了，他捂着肚子说："这还用问，谁会吃花生壳啊？！肯定是吃花生仁啊。"小蓝说："三三你别笑，你想想，水煮花生都带着壳，但其实你是不吃花生壳的，你真正需要装上带去的，是花生仁。但这些壳又很占地方，那有没有办法装更多的花生仁？"三三眼珠转了三转，恍然大悟，对小蓝说："那我把花生壳都剥掉，只装花生仁，不就可以装更多的花生仁，够三个人吃了！"小蓝说："你爸爸其实就是这个意思。"

三三想明白了之后，马上动手，噼噼啪啪地开始剥花生。不一会儿工夫，三三旁边就堆了一大堆花生壳，而饭盒里装了比之前带壳花生多了一倍的花生仁，足够三个人吃了。爸爸妈妈看到也很满意。

三三问小蓝："你是怎么想到这个办法的？"小蓝说："其实我是从计算机的压缩算法中想到的。计算机的压缩算法中，有一种是有损压缩，就是把不影响人类感观或者不影响对内容理解的数据删除，以节省存储空间。换句话说，就是把对人类没有用或者影响很小的内容去掉，只保留最重要的数据，就可以把文件压缩到一个很小的空间里。"三三眨眨眼问："这里的花生壳是不是就相

十三、装花生

当于没有用的数据？而花生仁就是重要的数据？"小蓝说："你说得对，是这样的。"三三又问："那为什么叫有损压缩？"小蓝笑着说："有损，就是有损失。三三，你想想，你把花生壳去掉后，只带去了花生仁，但你想再还原成完整的带壳花生，已经是不可能了。"三三恍然大悟。

　　第二天，三三和爸爸妈妈去郊区的森林公园，痛痛快快地玩了一天。不仅饱览了大好河山，锻炼了身体，中午还美美地吃了一顿花生，真是不虚此行。

小知识

我们平时保存声音常见的MP3格式文件,就是把保存的声音范围大致限制在人耳能听到的频率范围内(20赫兹到20 000赫兹),而删除了人耳听不到的超声和次声音频。这也是数据压缩的一种形式,能把声音数据压缩到整体的十分之一。但由于一部分数据没有记录(丢掉了),所以这类压缩是无法完整还原原始数据(声音)的,我们把无法全部还原原始数据的压缩方法称为有损压缩。有损压缩的原理是,虽然无法全部还原数据,但不影响人的视听效果,因此通常用在音视频等多媒体文件的压缩过程中。

十四、妈妈已经三天没有打我了

典三三是个总希望生活有些趣味的孩子,最近一段时间,他发现自己的生活平淡无奇,每天重复着一样的内容:起床,吃早饭,上学,吃午饭,放学,吃晚饭,做作业,睡觉。中间偶尔穿插点小花样,就是他学习不好时被爸妈训一顿。他感觉这样的日子太无聊了。

一天典三三对凡凡说:"这天天重复的生活好无聊啊!"凡凡眨眨眼睛反问三三:"你爸妈是不是已经三天没有打你了?"三三很生气地说:"不要胡说!我是说这每天的时光好像凝固了一样,天天感觉都一样,一点乐趣都没有。"凡凡说:"我觉得每周的信息课就很有乐趣啊,每次都能学到新的知识。"三三白了他一眼说:"太无聊了。"

这天放学后,三三写完作业,实在是无聊得像喝白开水一样,干什么都提不起兴趣。他自言自语地说:"要不然把小蓝叫来出个主意,看看能想出什么有意思的事儿来做。"于是他把手指比作心形,连说三声"你来呀",小蓝果然又出现了。

三三对小蓝说:"小蓝,我觉得我每天的日子在毫无变化地重复,就像时光静止了一样,你能不能帮我想点有意思的事情做,让每天的生活不要这么一成不变?"小蓝哈哈笑起来:"三三,你这是百分之百的错觉,你每天的生活肯定不是一成不变、完全重复的,而是每天都有新的事情等着你,每天都会有不一样的发现。"

十四、妈妈已经三天没有打我了

三三皱着眉头说:"小蓝,你现在也开始讲大道理了,我真的觉得每天重复很无聊。"

小蓝见三三很不开心,就问他:"我问你,你每天都在干什么?"三三说:"还能干什么?不就是吃饭、上学、做作业、睡觉,每天一模一样。"小蓝接着问:"这个过程看上去确实是一种重复,日复一日。但你仔细想想,每天的生活内容真的是一模一样吗?比如,你每天学的功课是一样的吗?每天看的故事书,章节是一样的吗?"三三想了想说:"这个确实不一样,每天都会学习新的知识,我带到学校的故事书,也一点一点快看完了。"小蓝继续说:"所以啊!你每天虽然看上去在重复,但其实重复的内容是不一样的,每天你都会有新变化。而且,任何一种状态,都不可能永远持续下去,总有结束的时候,你应该珍惜现在的时间,过去的每一刻时光,都回不来了。"三三听了,似懂非懂,但还是没有缓解内心的无聊。

这天又到了上信息课的时候,老师对同学们讲了程序中的"循环"这个结构,说"循环"是程序的一种基本结构,能实现一定的功能。每个循环体都要重复一定的次数,但每次循环都要发生一些变化,目的是让循环朝着结束的方向前进,否则就会出现没完没了的"死循环",计算机就没法正常运行了。三三头脑中闪过小蓝对他说的一句话,对老师说:"老师,我们平时天天的生活是不是就是一种'循环'?"老师反问道:"三三,你为什么这么说呢?"典三三认真想了想说:"老师你看,我每天上学、吃饭、做作业、休息,好像都是在重复一些同样的事情。但是仔细想想,每天上的课不一样,吃的饭不一样,我也在一天天长大。"老师惊讶地点点头:"三三,我觉得你好像突然变成大孩子了,思考这么深奥的问题。你说的有道理啊,小学的生活真的就像一个循环结构,看似每天重复,其实是有结束的时候,就是你们小学毕业的那一天。当这一天到来时,小学这个'循环'的功能就完成了。"三三笑了笑,差点说出来是受小蓝启发想到的。

三三眨眨眼,好像又想起了什么,问老师:"我也经历过一些只做过一次的事情,后来就再也没有做过,程序里有对应的结构吗?"老师微笑着点点头:"三三,你还真问着了,程序中除了'循环'这种基本结构,还有两种基本结构,分别是顺序结构和选

十四、妈妈已经三天没有打我了

择结构。顺序结构中的指令，就是只执行一次，然后就不回头执行了。你经历过什么只做了一次的事情？说来听听。"三三认真地说："原来我家附件有一个小小的展览馆，是用一间旧房子改造的。那个小展览馆我只去过一次，是去看一个小朋友的画展。后来那个房子就被拆掉了，再也没机会去看了。"老师说："你说得对，这个只做了一次的事情，就类似于程序中的顺序结构。"

老师顺势又启发三三："三三，刚才说还有一种选择结构，类似于一个人走到一个岔路口，有左右两个分支，两个选项。在计算机里，选择结构就是面对'是'和'否'两种结果，根据结果执行两段程序中的一段而不执行另外一段。"三三又有点迷糊了："老师，选择？选择不是有很多选项吗？我们考试做选择题，经常有A、B、C、D四个选项，怎么说只有两个选项呢？"老师哈哈笑起来："你真是对考试题印象深刻。虽然我们日常生活中面对选择时可能有多个选项，但计算机里的选择结构，每次都只有'真、假''是、否''开、关'这类选项，只能二选一。这点和日常生活是不一样的。你想一想，你遇到过什么情况和选择结构比较像呢？"三三开始认真思索起来，他好像想起来什么："老师，我觉得有一种情况特别像选择结构：妈妈和我约定，我每次考试得分不低于95分，就奖励我5个积分，如果低于95分，就不给积分，这是不是就是选择结构？"老师高兴地拍了拍三三的背说："你说对了，确实是，这是二选一的结果，根据你每次考试的分数，要么不低于95分，奖励积分，要么低于95分，不奖励积分，只执行其中一种结果而不会两个都执行，确实符合选择结构的要求。"

　　三三发现自己听懂了,心情一下子好起来。当天回到家后,他和平时一样,又想磨蹭着看一会儿动画片。妈妈发现后,对三三说:"你如果有作业就赶紧做作业,否则就帮我做点家务,二选一,不准看动画片!"三三一听,对妈妈笑着说:"妈妈,根据我的作业情况,结果要么是'有',我去做作业,要么是'无',我去做家务,这两种情况只有一种成立,所以这是个选择结构。"爸爸在旁边搭话说:"三三,别嬉皮笑脸,我这段时间让你练的书法你还没练完,你也可以像前几天一样去继续练字。"三三又笑着对爸爸说:"爸爸,我这段时间每天练字,重复这个事情,但每天练的字都不一样,总有结束的一天,所以这是个循环结构。"爸爸瞪了三三一眼,回头问妈妈:"我们是不是已经有好几天没打他了?"妈妈厉声说:"是的,三三皮痒痒了!"三三吓得吐吐舌头,赶紧喊:"你们太霸道了,虐待儿童,我投降,我去写作业。"

🔊 **小知识**

计算机程序中,有三种基本结构:顺序、选择和循环。顺序结构是指按照程序指令的前后顺序依次执行,而且只执行一遍。选择结构是指依据某种判断条件是否满足,得到"真"或者"假"的结果,要么执行"真"后面的指令,要么执行"假"后面的指令,二者选其一,不会同时执行两段指令。循环结构是指反复执行某些操作,但不会无限制循环下去,每次重复过程中都会向着满足结束条件的方向前进,直到循环条件不再满足,退出循环。

十五、一张珍贵的老照片

最近爸爸给三三买了一盒钉子拼图，就是按照三三的照片，设计出图案，然后定制对应颜色的钉子，用这些钉子可以拼成一个有立体感的三三头像。三三和爸爸花了几个晚上，才把钉子拼图完成，一个个的钉子融合成了栩栩如生的三三。

三三拼钉子拼图有点上瘾了，想偷偷给爸爸也定制一个钉子拼图。他瞒着爸爸到处找照片，在家里翻箱倒柜。最后竟意外找到了一本相册，里面居然有很多黑白老照片，有些因为年代久远，已经有些泛黄了。三三如获至宝，一张一张仔细翻看起来。里面大部分人物他都能分辨出来，有爸爸、妈妈、表哥、爷爷、奶奶……但有一个老爷爷，三三从来没见过，却感觉似曾相识。三三抽出那张照

十五、一张珍贵的老照片

片,去问爸爸。

爸爸拿过照片来看了看,笑着说:"这是你的曾祖父,也就是我的爷爷。"三三张大嘴巴惊讶地说:"我的曾祖父,我好像从来没见过。"爸爸说:"是的,你出生时,曾祖父已经去世了,所以你们确实没见过面。"三三又问:"为什么曾祖父的照片这么少?而且都是黑白的?"爸爸说:"确实比较少。因为你曾祖父在世的时候,照相很不方便,而且价格很高,一般人很久才会去照相馆拍一张照片,有些人甚至很多年都舍不得照一张相片。那个年代,只有黑白胶片,没有彩色胶片。你曾祖父的照片很少,这是仅存的几张,而且你看,都已经变色发黄了,估计保存不了太长时间了。"爸爸说完叹息着摇了摇头。

典三三听了爸爸的话,也觉得照片变色有点可惜。他问爸爸:"有没有办法可以把照片保存得长久一点?"爸爸皱起眉头冥思苦想,接着摇了摇头:"我也想不出好办法。"三三偷偷把小蓝召唤来,对小蓝说:"小蓝,我曾祖父的照片本来就不多,仅有的这几张,现在眼看都发黄了。你能不能帮我想个办法,可以让这几张珍贵的照片保存得更长久一点?"小蓝笑嘻嘻地说:"这有什么难的?你只需要把它们扫描成电子照片就行了。"

听到"扫描"两个字,典三三一下子摸不到头脑了。他问小蓝:"什么是扫描?到哪里能扫描?"小蓝说:"你注意到家里的那台打印机了没有?那台打印机其实是打印扫描复印一体机,它就能用来扫描照片,可以把纸质的照片扫描成电子格式。"三三又问:"为什么扫描之后就能保存得长久了呢?"小蓝说:"扫描之后,照片转换成电子信息记录在电脑里,只要保存的信息不变就不会变色。你还可以把它复制到多个不同的地方,比如你的硬盘、优盘里,需要时就可以打开看,而且可以不受限制地复制很多很多份,不容易丢失。"三三就像找到救星一样,急不可耐地让小蓝告诉他怎么扫描照片,小蓝笑嘻嘻地说:"你让爸爸扫描就行,爸爸用他的电脑连到扫描仪上就能扫描,非常简单。"

三三听了赶紧去找爸爸:"爸爸,我有个可以长久保存照片的好办法!"爸爸觉得三三平时疯癫的情况太多,并没有特别在意,不以为然地说:"你有什么好办法啊?说来听听。"三三兴奋地说:"爸爸,为什么不把曾祖父的照片扫描到电脑里呢?扫描成电子照片,就能保存很长时间了。"爸爸听了也眼前一亮:"是啊,

十五、一张珍贵的老照片

我怎么没有想到?确实是!扫描到电脑里更容易保存和复制。这回你还真没瞎说。"说干就干,爸爸打开电脑,连上打印机,把三三曾祖父的照片放到扫描面板上,启动扫描程序。这时程序界面出现了"选择扫描精度"的选项,有300像素×300像素,600像素×600像素,1 200像素×1 200像素,爸爸选择了1 200像素×1 200像素,然后单击"扫描"按钮,这张珍贵的老照片就被扫描成电子图片格式,保存到电脑里了。爸爸还特地打开电脑上的照片,确认了扫描效果。

三三不解地问:"爸爸,扫描是怎么做的?刚才那几个数字是什么意思?"爸爸说:"这个有点复杂,我尽量给你说得简单点。咱们这两天是不是做了一个钉子拼图?"三三点点头:"是的,可这跟扫描有什么关系?"爸爸说:"其实扫描和钉子拼图还真有点像。照片放在扫描面板上,扫描设备用光感器件,把整张照片划分成一行行一列列的点阵区域。刚才那些数字,就是分辨率,表示划分的密度,一般用每英寸划分出多少个点来表示,比如600像素×600像素,就表示每英寸分割成600个点,就好比排列在一起的600个小小的钉子。数字越大,划分越密集,扫描出来的图像越清晰。""哦,这个是不是和显示器上的像素点有点像?"三三想起了小蓝对他说过的屏幕像素点。爸爸点点头:"对,它们都是表示点阵密度的。然后扫描仪把这些点阵中每个点的颜色保存下来,这样扫描一遍,就好比电脑记住了每个点的钉子的颜色,然后根据记忆拼成一张完整的照片。"三三高兴地说:"原来是这样啊!扫描仪制作了一幅钉子画,只不过是用电子点阵制作的,我明白了。"爸爸觉得三三差不多听懂了，满意地点了点头。

这天晚上，爸爸发现三三把自己关在书房里一点动静都没有，不知道在干什么。爸爸预感到三三很可能又在捣蛋了，他赶紧打开房门，发现三三正在一本一本地扫描自己的漫画书，地上已经放着一堆扫描过的书了。爸爸问："三三，你在干什么？我的电脑磁盘空间要被你用完了，工作资料都没空间存放了！"说着跑到电脑屏幕前去检查，果然磁盘空间已经被用去一大半。爸爸转身要找三三算账，三三一边躲一边嬉皮笑脸地说："爸爸，漫画书是我的宝贝，我怕翻烂了就没有了，所以赶紧扫描下来。"爸爸还是很生气，三三看情况不妙，赶紧溜掉了。

小知识

　　扫描，简单地说，就是使用光电设备，通过读取被扫描物品上的光线反射效果，把颜色转换为电信号，并且使用不同的数字表示不同的颜色，进而可以输入计算机实现数字化。扫描设置的分辨率越高，扫描出来的画面越细腻，但同时需要保存的文件空间越大。

十六、免费的午餐

周末到了,三三说在家里吃饭吃腻了,想出去吃。爸爸妈妈想了想,确实这段时间他们工作忙,好久都没有带三三外出吃"大餐"了,于是同意了,而且答应三三可以点自己爱吃的菜,三三听完口水都要流出来了。来到饭店,三三点了一堆自己爱吃的菜。等着上菜的时候,爸爸妈妈拿出手机看新闻,三三拿出平板电脑玩游戏。

三三玩的游戏是一种可以在单机上玩,也可以连网玩的游戏,相对来说,连网的方式更有意思。但因为爸爸妈妈担心他玩游戏上瘾,所以一直不同意三三玩连网的游戏,也没有给三三用的平板电脑连接网络。

十六、免费的午餐

就在三三玩完一局游戏时,突然发现无线网络信号在闪烁。三三好奇地打开无线网络信号,发现有一个"免费网络"的信号源,而且可以直接连接,没有密码。不用交钱就可以上网,三三兴奋地差点喊出来。他心里美滋滋地想:"这下终于可以玩一把连网的游戏了!"于是他埋头玩起连网游戏来。

三三安安静静地玩着游戏,爸爸都有点不适应了,问:"三三,你平时一会儿都稳不住,怎么今天安静了这么长时间?"三三含含糊糊地说:"我也可以很安静的,只是你们没注意到。"爸爸又问:"你在平板电脑上玩什么呢?"三三一边玩一边对爸爸说:"还不是平时常玩的那个小游戏。"爸爸就没有再多问了。

这时候服务员把菜端上来了,爸爸妈妈对三三说:"点的都是你喜欢的菜,赶紧吃吧。"妈妈刚拿起筷子准备夹菜,突然听到三三大叫一声:"坏了!"妈妈吓得差点把筷子掉地上,她着急地问三三:"怎么啦?出什么事了?哪里不舒服了?"三三着急得不得了,对着妈妈喊:"妈妈快点!我游戏里的装备都被人偷走了!文件也被人删掉了!"爸爸听了赶紧拿过平板电脑来查看,果然发现游戏里的东西被转移走了,游戏保存的文件也被全部删掉了。刚开始爸爸也很惊讶,他努力冷静下来后,问三三:"你是不是打连网游戏了?"三三只好承认确实连网了。爸爸又问:"我没给你的平板电脑连网,你怎么连上的网络?"三三说:"这里有个'免费网络',我就是通过它上的网。"

爸爸大概明白了原因,他打开网络设置,发现那个"免费网络"已经不见了。爸爸这次确认了自己的判断,他对三三说:"你

十六、免费的午餐

记住,这种无线网络,任何人用随身设备都可以设置,比如手机、电脑等,而且网络的名字可以随便起。一些不怀好意的人,就用'免费网络''自由网络''万能网络'这种名字诱惑别人连接上网,然后在有人使用他们的网络的时候,非法侵入别人的电脑,盗窃或者破坏别人的文件。当他们达到目的之后,就会关闭网络,让受害者无法追踪他们。你看,把你的游戏装备都偷走,文件都删光之后,那个'免费网络'就不见了。"

三三听了非常气愤,对爸爸说:"太气人了,我好不容易积攒的游戏装备就这么被人偷走了,我要把坏人揪出来!"爸爸心平气和地说:"坏人达到目的之后,就把网络广播关了,就算他在我们附近,也不容易找出他是谁。"三三问:"那怎么办?怎么才能不发生这么气人的事情?"爸爸摇摇头说:"三三记住,天下没有免费的午餐,哪有天上掉馅饼的事情,任何你觉得会占便宜的事,都有可能付出更大的代价。尤其是在不熟悉的环境里,看到这种所谓的'免费网络',一定要提高警惕,不要轻易连接使用,今天对你就是个教训。"爸爸突然又说:"三三,你还没告诉我,我不让你打网络游戏,你怎么偷偷连网打起来了?刚才没对我说实话吧?"三三吐吐舌头,不好意思地说:"嘿嘿,我刚才打得上瘾,忘了不能连网打游戏的事情了。"

三三和爸爸妈妈正讨论着上网的事情,这时服务员阿姨端着一个小盘子走过来,笑嘻嘻地对三三说:"小朋友,你很幸运,我们店里今天搞活动,凡是来就餐的小朋友,都可以得到一个免费的冰淇淋。这份就是送给你的。"三三听到"免费"两个字,浑身就像被电击了一下,紧张地说:"免费?免费的冰淇淋?你是不是也想抢我的游戏装备?快拿走,我不要!"三三说完,看着冰淇淋又很想吃,流着口水说了一句:"我要不免费的。"服务员阿姨一下子愣住了,周围的顾客也都打量着这个神奇的小孩,哈哈笑起来。三三的爸爸妈妈尴尬得直冒汗,恨不得拉着三三赶紧逃走。

小知识

广播的无线热点(无线接入点)名称,可以自主命名,即使搜索到一个看上去非常"官方"的无线网络名称,比如,机场免费网络,Airport Free Wi-Fi,也不代表这真的就是官方提供的网络,有些破坏者可以利用一些非常简单的便携设备设置接入点,骗取其他用户连接使用,在此过程中可以窃取用户收发的信息,并有可能侵入用户电脑、手机等终端设备。

十七、一群勤奋的快递员

最近典三三家里的快递特别多,有的是妈妈网购的东西,有的是爸爸的工作资料,每天三三家里都会来三四拨快递员,门铃时不时响起。

三三看着快递员来来回回很辛苦,就问爸爸妈妈:"你们不能少买点东西,或者少寄点快递吗?你看快递员哥哥多么辛苦。妈妈买的东西要从遥远的地方送到家里来,爸爸的资料要送到遥远的地方去,都不是和咱们家一个城市的。这些快递员该多累啊。"

爸爸听了先是愣住了,接着哈哈大笑起来,他笑着问三三:"你不会认为,每个快递员都会把收到的包裹,从始发地一口气送到目的地吧?"三三也愣住了,反问:"难道不是吗?中间还会

换人?"爸爸说:"当然会换人,不然快递员哥哥会累坏的。你想想,我们的包裹有时是从城市的一个角落到另一个角落,有时是从一个城市到另外一个城市,有时甚至是从一个国家到另外一个遥远的国家,怎么可能会让一个快递员从头送到底呢。"三三想想确实也是,中间不换人,快递员会累得受不了的。

三三对快递的运送过程起了好奇心,他问爸爸:"那我们的快递是怎么运输的呢?"爸爸说:"这个过程有点复杂,我用简单的话给你解释解释。从包裹的起点开始,每个快递员只负责稳妥地运送其中一小段路程。比如我们从家里发出的包裹,一个快递员上门取件后,只负责把它准确无误地送到中转站。中转站的另一个快递员拿到这个包裹后,也只负责把它准确无误地送到下一个中转站。如果包裹的目的地离得比较远,中间可能要经过很多中转站。但每

十七、一群勤奋的快递员

次传送,快递员都只管从一个中转站到下一个中转站之间这么一段的传递。"三三听得入了迷,他又问:"这中间不会出差错吗?比如有快递员送错了中转站?"爸爸说:"你没发现咱们每次收发的包裹,快递员都会在上面贴一张带地址和编号的标签吗?有了这个标签,正常情况下快递员就不会搞错了。这样一站一站接力传送,包裹最后就能到达目的地。""哦,原来是这样啊!"三三一下子听明白了。

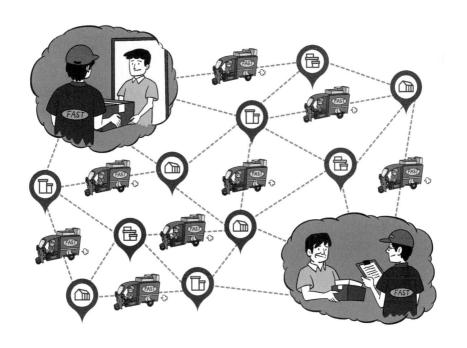

三三眼睛转了转,又问爸爸:"难道所有的快递包裹都要这么中转吗?有没有离得近的,快递员收到后不需要中转直接送到目的地的?"爸爸想了想说:"当然也有,对于距离比较近的包裹,比

如同一城市范围内，快递公司也有直接递送的服务。"三三说："我就说嘛，特别近的包裹，一个快递员收到包裹后，可以直接送给收件人，何必麻烦再去中转呢。"

三三搞清楚了快递传送的方式，还专门写了一篇总结短文。当天晚上他写完作业后，爸爸妈妈特许他看一会儿动画片。看着看着，三三好像突然想到了什么，他跑到爸爸那里问："爸爸，我看的动画片都是从网上找到的，是通过网络传过来的吧？"爸爸点点头。三三接着问："那网络是怎么传送这些动画片的呢？"爸爸摇摇头，对三三说："我也不知道怎么传送的。我现在正在忙，要不我找时间查一查资料，然后再告诉你？"三三一听非常泄气，对爸爸说："你也不知道吗？那要等多久才能告诉我啊？以前每次你说找时间，就要等很久。"爸爸很不好意思地说："我尽快我尽快！但现在确实很忙，以后再说吧。"

三三回到自己的房间，心里已经急不可耐地想知道网络是怎么传输动画片的。他突然又想到了小蓝，说不定他知道是怎么回事。于是典三三召唤出小蓝，着急地问："小蓝，你知不知道网络是怎么传送动画片的？"小蓝笑着说："我当然知道，别忘了我可是比你们地球人知道得多。"三三一听特别高兴："那你快告诉我，是怎么回事？"小蓝得意地说："这个不难，听我告诉你原理。"

小蓝不紧不慢地对三三说："你看动画片所连接的网络，叫互联网。其实，在互联网中有一群勤奋的快递员，是他们在为你收发动画片。""互联网里有快递员？"三三觉得小蓝在开玩笑："这怎么可能？"小蓝哈哈大笑起来："我开玩笑的，虽然互联网里

十七、一群勤奋的快递员

面没有快递员,但互联网的工作原理和快递非常像。"三三来了兴趣,问小蓝:"互联网的工作原理怎么会和快递非常像呢?你说来听听。"小蓝说:"你看的动画片,以及其他的文件、视频、声音等一切内容,对于互联网来说都是数据。互联网在传递数据的时候,会把它们打成一个一个的数据包,在上面标注发送地址和接收地址,就像你看到的快递包裹。""然后呢?""然后,网络中有许许多多的中转节点,就像快递中转站一样。每次传递,互联网设备只传送其中一段线路,就是把要发送的数据包从一个中转节点传递给下一个中转节点,经过中转节点这样一次次的接力传递,最后才会把数据送到接收者那里。你看,像不像送快递包裹?"三三拍了拍手说:"你别说,还真挺像!"三三似乎又想到了什么,问小

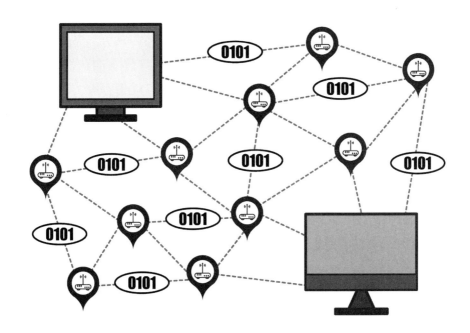

蓝:"爸爸说快递的距离如果很近,快递公司可以让一个快递员直接把包裹从寄件人那里送到收件人那里,网络也是这样吗?"小蓝说:"是的,网络也有这个功能,在范围很小不超过一个网段时,就不用中转了。"

三三若有所思地点点头:"看来互联网的工作方法,还真的很像收发快递包裹。互联网里的'快递员'太辛苦了,我以后还是少看点动画片吧。"

小知识

互联网的基本信息是分网段转发的,每条发送的消息,都被打成一个数据包,其中包含了发送地址、接收地址、要传输的数据,以及其他必要的信息。每个数据包的长度都有一定的限制,所以如果要发送的消息过长,会被分割成多个数据包。这个过程类似于快递系统。

十八、吵闹的活动室

有一天,数学老师给同学们讲了一个叫作"规则"的概念,老师说:"很多事情,要想做好,顺利完成,就需要制定一套规则,并且大家都要遵守这个规则,否则就难以进行下去,或者会很不顺利。"同学们议论纷纷,感觉"规则"这个东西虚无缥缈,很不理解。

数学老师笑着说:"大家不理解没关系,今天这节课,我让在座的各位同学做主角,来完成一项规定的任务,体会制定规则和遵守规则的重要性。"大家一听,来了兴致,问老师要完成什么任务。老师把大家带到活动室,对同学们说:"各位同学,今天我们在活动室完成一项任务。任务的内容是,每个同学都可以随时随地说话，说出自己的爱好。每个同学都要争取说清楚一项爱好，但所有同学都是平等的，没有同学有优先权。我们班有30位同学，给大家30分钟，最后看看大家能不能说清楚自己想说的话，表达清楚自己的爱好。"

大家一听，觉得新奇又好玩，都跃跃欲试。老师说完"开始"就退出了活动室。同学们一个个争先恐后说自己想说的话，活动室立刻像开了锅一样沸腾起来。由于每个人都怕没有机会说话，所以都着急表达自己的想法，谁也不让谁，结果整个房间充满了嘈杂的说话声。10分钟过去了，还没有一个同学能在全班同学面前说清楚自己的话。三三一开始也像其他同学一样吵吵闹闹，互不相让，但过了一会儿又累又烦，觉得这样下去，别说30分钟，就是300分钟也说不清楚，于是他有点泄气了，觉得任务进行不下去了。

就在三三觉得一筹莫展的时候，小蓝出现了，他对三三说："别泄气，我告诉你一个办法，保证大家都是平等的，而且都有可

十八、吵闹的活动室

能在剩余的时间里表达自己的想法。"三三一听立刻来了精神,他问小蓝是什么办法。小蓝说:"你告诉大家,每个人都可以平等地说话,但如果已经有人开始说了,那其他人就要等到已经说话的同学说完再开始。但每个人也不能说起来没完没了,每次最多只能说15秒,没说完也要停下,等后面有机会再接着说。如果出现两个或者多个同学同时说话的情况,那发生冲突的这几个同学就都要停止,各自随机选择一个数字,等待自己选中数字对应的秒数过后再重新说。但如果还有冲突,那就必须再另外选一个更大的数字继续等待。找一个人做裁判,记住并且限制每个人每次说话的时长以及冲突的同学各自等待的秒数,严格遵守等待时间就可以了。"三三疑惑地问:"这样就可以?行不行啊?"小蓝说:"你先试试,应该可以。"

于是三三站到讲台前对大家挥挥手,让大家安静下来。他把刚才小蓝对他说的办法对同学们说了,并且三三主动承担起裁判的职责。于是活动室里出现了一个有趣的场面,有两位同学抢着说,结果同时开口了,于是他们只能停下来,等待各自选定的秒数过后再找机会说。此期间,其他有想说话并且没有和别人冲突的同学,反而有机会说出自己的爱好。这种安排保证了每次只有一个人在说话,其他人都在听。即使他一次说不完,后面也可以再找机会说,所以每个人都能听清楚别人在说什么,每个人也有机会表达清楚自己的想法了。由于大部分同学在第一个15秒内就说明白了自己的爱好,所以虽然发生了一些同时讲话冲突等待的情况,但30位同学不到15分钟就全都说了一遍。

30分钟后,数学老师进入活动室,问大家是否每个人都完成了任务,还是遇到了困难没有完成。大家回答说完成了,老师很惊讶,问是怎么做到的。大家很佩服地看着典三三,对老师说了三三想出来的办法。老师也很高兴,对大家说:"三三想的这个办法很好,它的本质其实就是规则。制定了规则,并且大家遵守这个规则,就可以顺利完成任务。"大家一下子明白了规则的含义以及重要性。

下课后,三三悄悄问小蓝:"你是怎么想到这个规则的?这么短的时间想到这个办法,你也太聪明了吧?是不是你们星球上有什么类似的妙招?"小蓝哈哈笑起来:"其实这个办法根本不是我们星球的,是你们地球的。"三三好奇地问:"我们地球上的?那你说说在什么地方用的?我怎么从来没听说过?"小蓝说:"其实你

十八、吵闹的活动室

每天可能都在用,只是不知道而已。"三三笑着说:"小蓝,你在开玩笑吧?我每天在用,那我怎么不知道有这么一个好办法?"小蓝说:"你家里或者学校里都有无线网络或者有线网络吧?"三三点点头:"当然。"小蓝接着说:"其实我对你说的规则,就类似于网络通信用的局域网协议。连接到同一条总线上或者同一个接入点的设备,比如手机、电脑等,就像在一个活动室想说话的同学们。它们在收发数据时,就像开口说话。为了防止冲突,就使用了我前面说的网络通信协议。这样就保证大家都是平等的,而且每个时刻都只有一个设备在发送,其他的都在接收,不会冲突。"

三三当天回到家,还在为自己在活动室的精彩表现扬扬得意。晚饭时间到了,妈妈喊他来吃饭,他说:"我们吃饭,以后要制定一个规则。"爸爸妈妈互相看了一眼,一下子愣住了,不知道三三葫芦里卖的什么药,问三三:"吃晚饭要定什么规则?"三三装腔作势地说:"吃饭的时候,为了防止大家争抢,如果有两个人同时伸出筷子,就都要停止,让第三个人吃,然后等下次吃的机会……"还没等三三说完,妈妈说:"嗯,我看你是没吃就饱了,你慢慢定规则去吧,晚饭不用吃了。"三三一下子慌了:"妈妈,别,别,这么多好吃的,没有我这个干饭王怎么行。我不定什么规则了。"说完头也不抬就吃起来了。

🔊 小知识

总线型局域网,比如以太网,所使用的基础协议是载波监听多点接入/冲突检测(CSMA/CD);无线局域网,比如Wi-Fi,所使用的基础协议是载波监听多点接入/冲突避免(CSMA/CA)。实际使用的协议栈比本节的内容复杂得多,比如还包括信道监听、应答信号、优先权控制等。本小节所举的例子没有真正的总线型局域网协议那么复杂全面,但可以帮助理解同一信道环境中如何处理冲突。

十九、鸡同鸭讲

这天,三三的爸爸回到家,讲起了公司发生的一件有趣的事情。公司要和一家非洲公司谈合作意向,签订合同,双方同意各派一名代表谈判并且签字。由于事先没有详细沟通,两边都认为对方知道自己的代表说什么语言。结果到了现场,才发现我们公司的代表只会讲中文,而非洲的代表只讲法语,各自带来的合同文本也是这种情况。谁也听不懂对方在说什么,没有办法交流。爸爸笑着说:"完全是鸡同鸭讲,各说各的。"

三三好奇地问爸爸:"什么是鸡同鸭讲?"爸爸说:"这其实是一个俚语,就是说双方的语言互不相通,没有办法直接交流,互相听不懂对方在说什么或者表达什么。"三三问:"那怎么办?最

后谈成了吗？"爸爸说："谈成了，但费了一番周折。为了解决语言不通的问题，最后双方达成一个协议，采用英语作为工作语言。非洲公司那边找一个同时懂法语和英语的人来做翻译，而我们公司这边找一个同时懂中文和英语的人做翻译，合同文本也改成了两边都能接受的英文。"三三也笑起来："与其这么费劲，还不如让他们学中文，或者我们学法语。"爸爸说："那是不可能的，每个国家和地区都有自己的地方特色、历史文化和官方语言，不可能完全变成同一个样子。这个世界正是因为有差异，才呈现出丰富多彩的模样。比如大鹏不喜欢踢球，他也不让你踢球，你是不是不能接受？"三三叫起来："那当然！凭什么他不喜欢的事情也不让我做？"爸爸笑着说："语言的差异也是这样，你不能强迫别人和你说同一种语言。"三三认同地点了点头。

十九、鸡同鸭讲

那天晚上,三三在网上看动画片的时候,突然出现了一个疑问,他问爸爸:"我现在看的动画片,都是通过互联网传过来的吗?"爸爸点点头,三三接着问:"那互联网上所有的设备都是同一个国家同一个公司生产的吗?"爸爸摇摇头说:"那当然不是,你看你现在看动画片的电脑和我工作用的笔记本电脑就不是同一个公司的产品,而且妈妈现在上网用的手机又是另外一个品牌的。"三三说:"就是啊,我们家的电脑和大鹏家的电脑也不是一个品牌。那这些上网的设备为什么能连在一起?你看咱们家的电脑和大鹏家的电脑就能连通、传送文件,我还能和大鹏在电脑上开通视频对讲,它们是不是能互相听得懂对方说什么?"爸爸一下子被问住了,皱着眉头想了想说:"你这个问题问得好啊,但我也不清楚不同品牌的设备为什么都能连到互联网上,它们是怎么做到的。"

三三也没心情看动画片了,想到工具书里去找答案,但书里面讲的内容太深奥了,看了半天也没看懂,反而疑惑更多了。他正一筹莫展的时候,突然想到了小蓝。三三把手指比作心形,连说三声"你来呀",小蓝就马上出现了。小蓝问三三:"你又有什么问题了吗?有什么需要帮忙的?"于是三三把自己的疑问对小蓝说了:"不同公司不同品牌的产品,为什么都能连到互联网上,还能互相通信?"小蓝笑笑说:"你这个问题还真不好回答,因为太复杂了,一句两句说不清楚。"三三是个急性子,小蓝这么一说他更着急了,连忙说:"别,别,别!你赶紧的,说简单点,你怎么知道我听不懂呢!你如果不说我今天估计都睡不着觉了。"

小蓝沉思半天,突然眼前一亮,对三三说:"我简单对你说一下吧。你还记得今天爸爸对你讲的'鸡同鸭讲'的故事吗？"三三问："是不是今天说的签合同时，互相听不懂对方语言的那件事？"小蓝说："是的。其实互联网上的设备，是不同国家不同公司不同品牌的产品，就像说不同语言的人，它们本来确实互相听不懂对方说什么，是无法通信的。"三三哈哈笑起来："小蓝，你搞错了吧，你看现在明明它们是可以通信的，我经常用电脑发邮件、传文件。"小蓝说："它们确实没法直接听懂对方说的话，这个没错。你还记得爸爸说，你不能强迫别人和你说同一种语言吗？一个公司也不能强迫另一家公司生产和他说同一种语言的产品，这是一个道理。"三三问："那奇怪了，这些设备是怎么互相通信的？"小蓝说："其实，这个和爸爸说的合同沟通的方法也是一样的，找一种大家都认可，都能听得懂的语言来沟通。"三三嘻嘻笑起来："小蓝，你是说电脑也把自己的话翻译成互相都能听懂的语言？"小蓝认真地说："没错！互联网上的设备，包括电脑，如果想和别人互联互通，就要把自己的语言翻译成大家一致认可都能听得懂的语言，这个语言就是'互联网协议'。""互联网协议？这又是什么东西？"

　　小蓝说："简单说，互联网协议，就是一种互联网上大家都能接受、能听懂的语言，所有连到互联网上的设备，都用这种统一的语言通信。方法就是发送信息时，先把自己的语言翻译成互联网协议的语言，接收信息时，再翻译回来。就好比今天爸爸的公司说中文，对方的公司说法语，本来不能互联互通，但最后大家都妥协，决定用都能接受的英语，来回翻译，就能沟通了。英语的作用在这里就类似互联网协议。"

三三一下子明白了,高兴地说:"原来互联网上就是靠协议这种统一的语言通信啊!这样再多公司再多的产品也没关系了,只要它们能翻译成互联网协议规定的语言就可以和别人交流了。"小蓝说:"你说对了,是这样的。只要大家都愿意遵守互联网协议,就可以在网上无障碍地通信。"

刚说到这里,妈妈喊三三去背古诗词,三三一听眉头又皱起来,他觉得背古诗词最痛苦了,很多字词看不懂。突然他眼前一亮,对妈妈说:"妈妈,你刚才说的话我听不懂,因为那不是我能接受的语言。不如这样吧,你把它们翻译成葡萄牙语,我再把它们翻译成我想听的语言,我才能明白你说的是什么意思。"妈妈先是愣了一下,接着怒气冲冲地说:"我让你去背古诗词你听不懂是吧?我觉得有一种语言你肯定能听懂!"三三很好奇,问:"是什么语言这么神奇?"妈妈回手拿起了鸡毛掸子,晃了晃说:"它的语言,你的屁股肯定能听懂!"三三一看吓得一哆嗦,赶紧说:"妈妈赶紧放下,不能这么暴力!我早就听懂了,我这就去背!"

🔊 小知识

目前主要的互联网协议有两种,TCP/IP协议(事实上正在使用的工业标准)和ISO/OSI参考协议。它们都是分层协议,在发送和接收信息过程中,涉及数据的封装和解封(类似于故事中说的翻译)。连接到互联网的设备使用的TCP/IP协议,目前发展到V6版本。终端设备只有遵循互联网协议的数据格式,才能连接到互联网上实现互联互通。

二十、花样冰淇淋

三三最近在打一款电脑游戏,里面有一个机器人,能使用工具建造或者维修机器,还能穿着不同颜色的防护服装,有隔热的、防撞击的、防辐射的等不同种类。随着机器人的技术越来越熟练,积分就越来越高,可以使用更高级的工具,建造维修更复杂的机器,不断进阶升级。三三玩入迷了,天天脑子里都是这款游戏,听课都受到了影响。

有一天,信息老师在课堂上给大家讲了一些连接词,其中包括"并且、或者"等,老师很仔细地讲解了这些词的用法。比如,A并且B,表示A和B都发生才行。老师问大家:"如果下雨并且出门忘了带伞,那么会不会淋雨?"同学们回答:"会淋雨。"老师问:"如果没有下雨,或者带了雨伞,或者既没下雨又带了雨伞,还会淋雨吗?"同学们回答:"不会。"A或者B,表示A和B发生了其中的一个就可以。老师又举了一个例子:"如果回答问题正确或者帮助同学,那么就能得到小红花。"老师问:"如果既回答正确又帮助了同学,能得到小红花吗?"同学们说:"能!"老师又问:"如果只回答正确但没有帮助同学,或者只帮助了同学但回答问题不正确,能得到小红花吗?"大家回答:"也能,只要做到其中一个就行。"老师表扬说:"大家的理解是对的。"

三三这节课有点心不在焉,脑子里一直想着玩的电脑游戏,听得迷迷糊糊,不是很明白。小蓝蹦出来生气地说:"三三,你不好

二十、花样冰淇淋

好听讲,怎么老是走神?"典三三无精打采地说:"这些词语不都是我们平时常用的吗?我都会了,老师讲得这么复杂,我反而搞不懂了。"小蓝说:"这些词哪有那么简单?!你不好好学,以后就不会用。你知不知道,连计算机都要会使用连接词才能正确运行呢。"三三哈哈大笑起来:"小蓝,你要劝我好好听课,也不用这么骗我吧?计算机怎么会用到这些连接词?"

小蓝说:"你不相信吗?你知不知道你玩的游戏,里面就经常需要用到这些连接词,如果计算机不能正确使用和处理,游戏就玩不成了。"三三一听来了精神,对小蓝说:"那你说说,计算机是怎么使用这些连接词的,又是怎么处理的?"小蓝说:"下课后带你到我的秘密实验室探索一下里面的奥妙。"

下课后,三三被小蓝带到了秘密实验室。当三三睁开眼睛时,嘴巴惊讶地闭不上了,原来游戏里的那个机器人就活生生地站在眼前。三三赶紧上前和机器人打招呼:"你好!我可太喜欢你了,你怎么会在这里?"可是机器人根本不理他,站在那里动都没动。小蓝对三三说:"他不会回应你的,因为他是个虚拟人物,其实是你玩的游戏中的程序,只接收计算机指令控制。"三三说:"那你赶紧控制他一下让我看看。"小蓝说:"别急,马上让他行动起来。"

小蓝在一块发光的程序板上写了一行指令"如果左手拿扳手并且右手拿螺丝刀,那么去把汽车门装上。"只见机器人左手拿起扳手,又找到螺丝刀用右手拿起来,走到汽车跟前,很快把车门装好了。三三拍着手跳起来,说:"我也经常让机器人拿各种不同的工具干活，但都是用鼠标点的，没这么好玩。"小蓝说："三三，你刚才看到的这种情况，是执行成功的例子，我再给你看看另一种情况。你看看工具箱里有没有钳子？"三三过去看了一遍说："奇怪，工具箱里怎么会没有钳子？"小蓝说："我故意把钳子拿走了。"说着小蓝把程序板上的指令改成"如果左手拿钳子并且右手拿螺丝刀，那么去把车轮装上。"机器人这次右手还是拿起螺丝刀，但左手找不到钳子，于是停在那里不动了。三三着急了，问小蓝："他怎么不动了？不是右手有螺丝刀了吗？"小蓝说："三三，这就是连接词的重要性。用'并且'连接的条件，必须所有条件都满足了，才能到下一步，否则就走不动了。"

二十、花样冰淇淋

三三听明白了，问小蓝："那还有别的好玩的指令吗？快给我看看！"小蓝说："有的是，别着急。你看看现在工具箱里有什么颜色的服装？"三三过去检查了一遍，发现里面有两种颜色的服装，分别是红色和蓝色。小蓝把程序板上的指令改为"如果有红色或者蓝色服装，那么去卸掉发动机。"机器人走到工具箱面前，看了一眼，去卸掉了发动机。小蓝等机器人完成后，又把指令改成"如果有红色或者绿色服装，那么去装上发动机。"机器人再次走到工具箱前，看了一眼，去把发动机装上了。三三问小蓝："这里面没有绿色啊？机器人怎么也行动了？"小蓝说："这次指令连接词用的是'或者'，所以只要有一种颜色服装满足要求就行。工具箱里有指令要求的红色服装，所以虽然没有绿色服装，机器人也能做动作。"

小蓝又在程序板上写了起来，这次他把指令改为"如果有黄色或者绿色服装，那么去打开车门。"机器人又一次走到工具箱前面，这次它看了一眼，然后停在那里不动了。三三问："它怎么不动了？"小蓝说："因为黄色和绿色都没有，'或者'这个词两边的条件都不满足，所以它就没法行动了。"

三三拍着手笑道："太好玩了！"小蓝哈哈笑起来："三三，还有更好玩的，但你只有好好学习，才能把游戏玩得更好。"三三赶紧问小蓝："还有更好玩的？你说来听听呢。"小蓝说："'并且''或者'这些词还能组合，或者用括号改变顺序。在计算机里，'并且'的优先级高于'或者'。比如，'巧克力或者棉花糖或者抹茶并且冰淇淋'这句话，表达的意思是三种食品，分别是巧克力、棉花糖以及抹茶味的冰淇淋。如果加上括号改成'（巧克力或者棉花糖或者抹茶）并且冰淇淋'，那就成了一种食品，就是三种口味中任意一种口味的冰淇淋。"三三恍然大悟，这次真弄明白了。

回到家里，三三想起小蓝对他说的冰淇淋的例子，突然特别想吃，直流口水。他缠着妈妈说："妈妈，给我点钱我去买个冰淇淋。"妈妈说："一会儿就要吃饭，我做了你最喜欢的鸡腿，你怎么现在想吃冰淇淋？"三三说："我好久没吃了，你就让我去买个回来吃吧，求求你啦。"妈妈被缠得没有办法，只好说："你想买什么冰淇淋？"三三眼珠一转说："我想买巧克力，或者棉花糖，或者抹茶的冰淇淋。"妈妈说："给你钱，那你快去买吧，路上小心点。"三三高兴地拿着钱跑出去了。过了一会儿，妈妈听见有人

敲门，打开一看，只见三三拿着一盒巧克力，一团棉花糖，还有一支抹茶冰淇淋，一下子惊呆了，问："三三，你不是说去买冰淇淋吗？怎么买了这么多零食回来？"三三笑嘻嘻地说："妈妈，我刚才说话用了'或者'这个连接词，但你没有让我加括号，所以是让我买三样零食，哈哈哈。"妈妈这才反应过来，生气地说："好啊，你跟我斗心眼是不是？那今晚的饭别吃了，吃这些零食就行了！而且，吃得肚子疼了不要叫唤！"三三听到不让他吃晚饭了，看着餐桌上盘子里的大鸡腿，突然觉得手里的零食不香了。

小知识

本节讲的连接词"并且"和"或者"，本质上对应着逻辑运算中的运算符"与"和"或"，逻辑运算还包括其他运算符，比如"非"和"异或"，它们是程序设计过程中重要的组成部分。这些运算符具体运算法则可以简单表示为表1~表4。

表1 "与"运算（值1 与 值2=结果）

值1	值2	结果
真	真	真
真	假	假
假	真	假
假	假	假

表2 "或"运算（值1 或 值2=结果）

值1	值2	结果
真	真	真
真	假	真
假	真	真
假	假	假

表3 "非"运算（非 值=结果）

值	结果
真	假
假	真

表4 "异或"运算（值1 异或 值2=结果）

值1	值2	结果
真	真	假
真	假	真
假	真	真
假	假	假

二十一、美容大法

最近典三三所在的班级要给大家做亲子相册，要求每个同学提供一张和父母的大头照。三三对自己的"光辉形象"很有自信，高高兴兴回家和爸爸妈妈说了，商量好穿什么衣服，用什么表情，准备拍一张完美的亲子照。

爸爸平时就爱好摄影，尤其擅长拍摄人物肖像，这次正好是他大显身手的机会。他把一部数码相机摆在三脚架上，找好角度和距离，然后和妈妈坐在典三三两边，三个人笑容满面地拍了一张大头照。

拍好之后，爸爸把照片用存储卡从相机导入电脑，准备发给老师。发送之前，妈妈让爸爸再把照片打开看看是否满意。等爸爸在电脑屏幕上把照片打开后,妈妈突然惊叫一声,把典三三和爸爸都吓了一跳。他们赶紧问妈妈怎么回事,是不是哪里不舒服了。妈妈指着电脑屏幕上的照片说:"你们快看,我左边脸上长了一个红痘痘,太难看了!这张照片不能要了。"三三说:"那怎么办?"妈妈想了想说:"这样吧,等我脸上的痘痘消了再拍。"三三问:"那要等多久?"妈妈说:"正常估计五六天就好了。"三三一听着急了:"来不及了妈妈,最晚后天就要交给老师了!这个痘痘那么小,不注意都看不到。"妈妈生气地说:"哼!我可不想把长了痘痘的照片做成相册。"

爸爸劝妈妈:"这个小痘痘呢,我觉得也不是大问题,不仔细看应该注意不到。"妈妈说:"怎么会注意不到?你看,这么大一

二十一、美容大法

个痘痘,在照片上太显眼了。可不能把这张照片发给老师,有损我的美好形象。"三三和爸爸互相望了一眼,都不知道该怎么办了。三三觉得这次亲子相册可能做不成了,因为妈妈太爱美了,容不得一点瑕疵。

就在三三感到绝望的时候,小蓝出来偷偷对三三说:"我有办法!"三三眼前一亮,赶紧问:"什么办法?"小蓝说:"你照我说的做,就不用重拍,还可以把妈妈脸上的红痘痘去掉。"三三问:"有这么神奇吗?"小蓝说:"别废话了,赶紧干活。"三三觉得自己可以大显身手了,兴奋地说:"好嘞!"小蓝让三三打开电脑,然后用图像编辑软件打开那张照片。小蓝对三三说:"你先估计一下妈妈脸上的痘痘面积有多大,然后把照片上痘痘旁边没有问题的皮肤,拷贝一小块图片出来,然后再复制粘贴覆盖到痘痘

上，最后把修改完的照片保存一下。"三三一步一步按照小蓝的指示去做，当他最后一步做完的时候，奇迹发生了，妈妈脸上的痘痘被从旁边皮肤上拷贝的颜色覆盖住了，不仔细看，已经看不出原来那里长了一个痘痘。完美！

　　三三觉得很神奇，问小蓝："这是怎么做到的呢？"小蓝说："走，到我的实验室，我给你看看是怎么回事。"于是三三跟着小蓝来到了秘密实验室。小蓝把妈妈的照片输入实验室的电脑，显示在一个巨大的屏幕上。小蓝问三三："你看看妈妈的照片上，痘痘附近是什么颜色？"三三说："大部分地方是正常的肤色，只有痘痘那一小片是红色。"小蓝把那张照片继续放大，三三发现照片变成了一个一个排列在一起的、由像素点组成的方阵。小蓝带着三三进入电脑内部，每个像素点逐渐变成了控制颜色的二进制数。

　　小蓝指着一片数字对三三说："三三你看，这一片就是妈妈左边脸上痘痘的像素点对应的数字，你发现有什么特点没有？"三三上下左右看了一遍，发现大部分数字值差别都不大，只有中间一小片数值和周围值差别比较大。小蓝笑着说："大部分差值不大的区域，就是正常的肤色值。和周围数值差别很大的那一小片，就是痘痘对应的颜色值。"三三问："那痘痘是怎么被消灭的呢？"小蓝问："三三，你还记不记得我对你说过，任何信息进入电脑，都变成了二进制数？"三三点点头，小蓝接着问："你也记得有一次我给你看，怎么用红绿蓝三种颜色控制图像显示的吧？"三三又点点头。小蓝说："刚才在照片上消除痘痘的办法，看上去是把没有问题的皮肤拷贝一块覆盖在痘痘上，其实就是用周围正常的皮肤颜色数值来替换长痘痘那一小块颜色的数值。因为离得近的皮肤颜色差值很小，覆盖的面积也很小，所以替换后感觉不到那一小块和旁边有色差。这就是美颜效果。"三三听了很高兴，说："以后如果我拍的照片不好看，也可以用这种办法美颜。"小蓝哈哈笑起来。

回到家里后，三三迫不及待地对妈妈说："妈妈，我把你照片上的痘痘给'消灭'了，这次可以把照片发给老师做亲子相册了吧？"妈妈根本不相信："怎么可能？别骗我了！反正不能把我脸上长痘痘的照片发给老师。"三三着急地说："妈妈，我真没骗你！不信咱们现在就打开电脑上的照片看看。"妈妈半信半疑地跟三三坐到电脑前面，三三打开照片后，妈妈惊奇地发现照片上的痘痘果然不见了，高兴地拍着手说："真的不见了！这张照片可以发给老师。"

妈妈扭头问三三："三三，你是怎么把痘痘'消灭'的？"三三把刚才覆盖痘痘的过程又给妈妈演示了一遍，妈妈满意地点了点头，对三三说："以后我的照片如果有不好看的地方，你就给我修一修。"还没等三三说话，爸爸乐呵呵地跑过来对妈妈说："既然照片能修得这么好看，你的化妆品就可以少买一些了。"妈妈笑眯眯地点点头，对爸爸说："说的也是啊。"突然脸色一变，严肃地说："不行，化妆品该买的还是要买。你想，用了化妆品，照相时本人的形象就很好看，再把照片修一修，岂不是好上加好？想想就美滋滋。"说完哼着歌走了。三三和爸爸互相看了一眼，都没话说了。

🔊 小知识

我们平时使用的一些图片处理软件，比如Photoshop、画图等，都是通过对图片某些部分的数值进行修改达到修图目的的。由于计算机中电子格式的图片，本质上都是存储的控制显示效果的数字值，所以修图其实就是对图片指定像素点的值进行某种运算的结果。

二十二、钓鱼

典三三放暑假了,爸爸正好也在休假,于是带他出去玩了几天,还特意安排了三三期盼已久的钓鱼。

爸爸是钓鱼高手,不一会儿工夫就钓了两三条大鱼。但三三沉不住气,鱼饵马马虎虎挂到钩上就急急忙忙放到了水里,而且等不了一会儿就提起渔竿看一下,结果把鱼都吓跑了,忙活半天,晒了一身汗,但一条都没钓到。他越来越着急,最后不下饵料就把钓钩放到水里面,结果可想而知,一无所获。

爸爸看在眼里,但一开始不动声色,等三三折腾累了,问:"你知道为什么一直钓不到鱼吗?"三三摇摇头,一脸沮丧。爸爸笑呵呵地说:"你犯了几个错误,所以钓不到。"三三疑惑地问:

"错误?钓鱼还会犯错误?爸爸你快说说我犯了什么错误?"爸爸不紧不慢地说:"钓鱼时首先要观察你想钓的鱼在什么地方聚集,也就是鱼群喜欢去什么地方。如果十条鱼中有一条禁不住诱惑咬钩,那在鱼群聚集的地方,上钩的概率肯定就大。"三三眨眨眼睛问:"这样就行了?"爸爸摇摇头,接着说:"光有鱼群还不够,最重要的是鱼钩上的饵料要对鱼有足够的吸引力。你看看你,刚才挂饵时手忙脚乱敷衍了事,大部分鱼饵都从钩上掉下来了,钩上的那点儿诱饵对鱼根本没有吸引力。"三三回想了一下,自己确实是没挂好饵料。他又问爸爸:"还有其他的错误吗?"爸爸想了想说:"还有就是你缺乏耐心,你看你不是提钩,就是在岸边走来走去。鱼的警惕性很高,虽然鱼饵是很强的诱惑,但它们也会躲避危险,鱼儿发现你时,会觉察到危险,就会克服咬饵的冲动,不会上钩。所以你得有耐心，不要乱动，躲到一边，让鱼看不到你，觉得没有危险，放松警惕，最后经不住鱼饵的诱惑，上当咬饵。"

三三听了，才知道原来钓鱼还有这么多学问，于是他开始踏踏实实挂饵，然后寻找一个鱼群比较多的岸边，静悄悄地把鱼钩放下，躲在鱼看不到的地方，暗中观察。10分钟过去了，20分钟过去了，只见鱼群在鱼钩旁边转来转去，时不时有鱼用嘴碰一下鱼饵，但就是没有鱼上钩。又过了十几分钟，就在三三耐不住性子要去抬竿看个究竟的时候，突然水面上的浮标开始剧烈地上下抖动。爸爸对三三喊："快起竿，有鱼上钩了！"三三赶紧往高处抬鱼竿。但这条鱼个头不小，三三用双手使劲往岸上拉都拉不过来。爸爸看见赶紧过来帮忙，一用力就把鱼儿拽上来了。钓到的是一条中等大小的鲤鱼，三三和爸爸都很高兴。

玩了一天，三三特别累，晚上向爸爸要来手机看动画片。过了一会儿，爸爸突然发现没有动画片的声音了，就过去看三三在干什么。爸爸凑到手机前面一看，三三正在打一款自己从来没见过的游戏。但界面上时不时跳出一些乱七八糟的小窗口，点击一下才能继续游戏。爸爸感觉不太对劲，赶紧问三三这是什么游戏，三三说："我刚才在网上看动画片的时候，突然弹出一个小窗口，里面说这是一个特别好玩的游戏，而且操作非常简单，点一下就可以玩。"爸爸赶紧拿过手机仔细查看，发现每次弹出的窗口，点击后都会很隐蔽地扣掉一笔钱，三三点了好几次，已经扣掉一百多块钱了。爸爸赶紧想办法删除那个游戏，但发现那个游戏其实是个病毒，一点击就自动安装，清除不干净，总是跳出来付费窗口。三三看到这种情况也有点慌了，问爸爸怎么办。爸爸一时想不到办法，只能先把手机关机了。

为了解决掉这个可恶的病毒，爸爸开始在网上寻求应对的办法。通过查找资料才发现这种病毒安装之后，可以自动搜索手机里的所有信息，每次弹出来的小窗口，其实就是获取扣款的权限。更可气的是，这种病毒一旦进入手机，很难彻底清理干净。最后爸爸没有办法，只能采用把手机恢复出厂设置的办法，彻底删除了所有的应用程序和已有的数据，才"消灭"了这个"大毒王"，但损失极其惨重，三三这次出来游玩以及之前的很多照片都"牺牲"了，而且他存在爸爸手机里准备慢慢看的几部动画片也"报销"了。

爸爸安慰三三说："事情既然已经发生了，就不要多想了，以后不要乱点来历不明的游戏了。"但三三依然很生气，半夜翻来覆去睡不着。这时小蓝出现了，他对三三说："你现在生气也没有用了，吃一堑长一智，以后不要再经不住乱七八糟小游戏的诱惑而上当了，别再被钓鱼了。""被钓鱼？什么意思？谁被钓鱼了？"三三一时没明白小蓝在说什么。小蓝说："你今天遇到的这种情况，就是一种诈骗的方法，叫'网络钓鱼'。"三三赶紧问："网络钓鱼？怎么个钓法？能钓到什么鱼？"小蓝跟他解释说："网络钓鱼，就是坏人用一些吸引人的图片、游戏、文字，引诱你去点击、娱乐、阅读，但这些内容其实是一些'鱼饵'。一旦你点击了，就会被偷偷安装一些病毒程序。这些病毒程序会窃取你设备上的重要信息，包括密码账号。你仔细回想一下今天发生的事情，有人躲在网上你看不见的地方等着你去点小游戏，他就是钓鱼的人，

二十二、钓鱼

你就是鱼,那个小游戏就是鱼饵,你开始玩游戏时,就是咬了他的钩被钓到了,像不像钓鱼?钓鱼者的最终目的,是用很小的代价骗走很大的好处,比如今天爸爸的钱就被偷走了好多。"

三三想了想对小蓝说:"你别说,还真是像钓鱼,但我居然成了被人钓的鱼,太可恨了。你快告诉我,怎么能把那个钓鱼的人抓住,把钱要回来?"小蓝说:"虽然找到钓鱼的坏蛋,把钱要回来是有可能的,但难度非常非常大,要付出很多时间和精力。"三三说:"难道就没有办法了吗?"小蓝笑着对三三说:"你看今天在湖边钓鱼的时候,最聪明的就是不被鱼饵诱惑、远离钓钩的那些鱼。被钓到的都是经不住诱惑、贪吃的鱼。它们一旦被钓到,损失就没法弥补了。"三三悻悻地说:"看来只有忍住诱惑,不轻易上当，才能不被钓鱼。"

第二天，三三又跟着爸爸去钓鱼，这次他按照爸爸昨天讲授的技巧，一丝不苟地挂饵、下钩，然后躲在暗处观察。这次果然有效果，三三一会儿功夫就有了收获，钓到了两条鱼。爸爸听到三三一边钓鱼一边嘴里小声念念有词，就好奇地问："三三，你在念叨什么咒语吗？"三三小声说："我在念'贪吃鱼，都过来'。"爸爸笑起来："你念叨这个干什么？"三三说："我昨天当了一次'贪吃鱼'，被人骗了钱，今天要多钓几条贪吃鱼，把昨天的损失弥补回来。"爸爸听了哈哈大笑，三三着急地说："爸爸别笑，别把鱼吓跑了！"正说着，只见浮标又开始摆动起来，又一条"贪吃鱼"上钩了。

> **小知识**
>
> 网络术语中的钓鱼，指Phishing，全称是Password Harvesting Fishing，是通过一些诱惑信息骗取网络用户点击、非法安装某些具有后门性质的程序，从而窃取用户资料，达到破坏的目的。

二十三、互不相让

有一天上信息课时,老师在教室里布置了一个场景,让大家做一个游戏。全班分成了若干个小组,每个小组3个人,每个小组分配了6件道具,分别是3支铅笔和3块橡皮,这些道具杂乱地放在每个小组前面的一个工具箱里。

老师先布置第一个任务:每个人必须同时拿到2支铅笔和1块橡皮才算完成任务,完成任务的同学再把道具放回工具箱让其他人使用。而只有小组中的每个人都完成了任务,这个小组的任务才算完成。每个人可以随意抓取工具箱里的任意道具,谁先拿到谁先开始。比一比,看看哪个小组先完成任务,时间限制是5分钟。

典三三他们听完第一个任务的游戏规则之后,一个个跃跃欲试,就等着看谁的反应快、伸手快。当老师喊开始后,同学们迅速伸手去抢道具,有的抢到了1支铅笔,有的抢到了2支,还有些抢到了2块橡皮,但没有一个同学能同时拿到完成任务所需的全部道具。大家都把自己的道具牢牢抓住,谁也不让谁,僵持不下。而另外一些同学开始发蒙,对老师喊:"老师,有没有弄错啊?每个人2支铅笔1块橡皮才行,小组有3个人,需要6支铅笔3块橡皮,现在数目不够啊!"老师笑笑没有回答。

这样乱哄哄过了5分钟,全班没有一个小组完成任务。老师看了看,摇了摇头,又给大家布置第二项任务:每个小组的每个人都有一个编号,分别是1,2,3。这次对抓取道具做了规定,开始还是谁有需要谁就去抓,但如果任何一个人,没有拿到自己需要的全部道具,也就是2支铅笔和1块橡皮,那么不管他手里已经拿到了什么,都要全部放回工具箱,然后后面的同学再按照编号依次抓取所需的道具。

　　三三在小组里的编号是2，但他是手速最快的，老师这次喊开始后，他第一个抢到了2支铅笔和1块橡皮。其他两个同学，1号拿到了1支铅笔和2块橡皮，3号干脆什么都没抢到。于是1号同学把拿到的道具又放回工具箱，三三则记录下自己完成任务，把用完的道具也放了回去。再拿道具时，按照排队顺序，1号同学拿到了2支铅笔和1块橡皮，完成了任务放回道具，最后3号同学也拿到所需的道具完成了任务。

　　而大鹏、凡凡、灵灵在一个小组，他们这个小组就更有意思了。大鹏排1号，灵灵是2号，凡凡是3号。由于三个人的手速一样快，所以第一次任务时就是每个人各拿到1支铅笔和1块橡皮，互不相让，最后没完成任务。老师修改规则第二次任务开始后，他们还是各自

拿到了1支铅笔和1块橡皮，但这次根据规则，三个人都把道具放回工具箱，然后由1号大鹏先拿道具完成任务，后续是灵灵和凡凡再拿道具完成任务，他们的小组这次也顺利完成了任务。

等到5分钟后老师宣布时间截止时，所有的小组都完成了任务，教室里发出了一阵欢呼。老师示意大家安静下来，问："同学们知道为什么第一次完不成任务而第二次能顺利完成吗？"大家七嘴八舌地议论起来，但各持己见，最后也没有一个统一意见。老师笑着说："其实，两次的主要差异在于第一次大家互不相让，都抓着已有的东西不撒手，都无法获得足够的道具继续任务。而第二次有了规则，要求在出现争执时谦让，无法完成任务的同学把自己的道具让出来，让大家都有完成任务的可能性。"大家都明白了是怎么回事。

三三通过这次课也学到不少知识，尤其是学到了一些做人的道理。回到家，他暗暗想："还是人类有智慧，可以制定规则，并且明白谦让的道理，这样才能解决问题、完成任务。"正这样想着，突然小蓝哈哈笑着出现了，他对三三说："谁说只有人类才懂规则会谦让？计算机也是可以的。"三三问："计算机会谦让？它们又不是人，怎么知道谦让？"小蓝说："计算机里有很多程序在运行，每个程序都需要一些资源，如果把程序看成同学们的话，那资源就像是道具。资源总是有限的，有时程序之间也会抢夺，如果互不相让，就会出现僵持的局面，最后谁都动弹不得。为了大家都能完成任务，没有拿到全部所需资源的程序，就先让出已经占有的资源，然后按照一定顺序排队，等待能拿到全部资源后再继续自己的任务，这样大家就都能前进了。"三三听完若有所思，点点头说："看来谦让的品格在哪里都有用处啊。"

晚上吃饭的时候，妈妈做了香喷喷的烤鸡腿，爷爷、奶奶、爸爸、妈妈和三三每人一个，一共五个。但三三想多吃一个，又不好意思直接说，就问妈妈："妈妈，你晚饭吃一个鸡腿能吃饱吗？"妈妈不知道三三为什么这么问，回答说："光一个鸡腿肯定吃不饱，不是还有别的菜吗？"三三嘿嘿笑着说："妈妈，我们今天刚在信息课上学会了谦让。如果拿到的东西不能满足要求，可以先让出来。妈妈你一个鸡腿吃不饱，干脆让给我吧，我两个鸡腿正好可以吃饱，嘿嘿嘿。"妈妈生气地看着三三说："你刚才那么问我就猜到你在动歪脑筋，我觉得你吃两个鸡腿也吃不饱！"三三惊喜地问妈妈："那是不是爸爸的那个我也能吃？"妈妈狠狠地说："不是，再给你加上一顿苍蝇拍你就吃饱了！"三三一听傻眼了，对妈

二十三、互不相让

妈喊:"我不要别人的了,一个就够了,够了!"

🔊 小知识

本节的内容对应的是操作系统中的死锁问题,死锁产生的本质原因是两个或两个以上的进程在执行过程中,因争夺临界资源而造成的一种互相僵持的现象,若无外力干预都将无法运行下去。

产生死锁的条件:

互斥条件:使用资源时具有独占性,一个资源每次只能被一个进程使用。

保持和等待条件:进程因请求资源而阻塞时,对已经获得的资源保持不放。

不剥夺条件:已分配给进程的资源不能被剥夺,只能由进程自己释放。

循环等待条件:存在一个进程循环链,链中每个进程都在等待链中的下一个进程所占用的资源。

解除死锁的主要手段,就是破坏上述条件中的一个或者几个,从而让进程从死锁状态摆脱。比如,某个进程如果无法获得运行所需的全部资源,则必须释放其已经获取的资源,进入阻塞队列排队等待,就是破坏不剥夺条件。

本节故事所讲述的过程,比操作系统中实际的死锁过程要简单很多,也不是完全能对应上,但基本道理是一样的,不影响对死锁过程的理解。

二十四、快煎鸡蛋饼

最近典三三越来越能吃,都发胖了,小肚子鼓起来了,动作也慢下来了。快到体育测验了,典三三的100米跑成绩一直不达标,体育老师很焦急。老师告诉妈妈,要想提高体育成绩没有捷径,只有增加训练强度,多练习才行。于是每天放学后,妈妈都把三三带到操场上加练100米跑,每次都要锻炼一个多小时。跑步的时间正好是快吃晚饭的时候,加上三三是个小"吃货",本来到点儿就觉得饿,跑完步就更饿了。

有一次锻炼完回到家,三三实在饿得受不了了,嚷嚷着让妈妈给他赶紧做点吃的。妈妈想了想说:"这样吧,我和爸爸也有点饿了,我先煎三张鸡蛋饼,我们三个人每人一张先吃着。"三三喊:

二十四、快煎鸡蛋饼

"妈妈快点吧,我觉得我要饿晕了,现在能吃下一头牛!"于是妈妈拿出碗、面粉、打蛋器和煎锅,准备煎鸡蛋饼。

三三已经急不可耐了,问妈妈:"煎一张鸡蛋饼要多长时间?"妈妈说:"你自己算一算,鸡蛋饼需要先打蛋再煎饼,用打蛋器打均匀大概需要1分钟,鸡蛋饼煎一面要2分钟,另外一面也要2分钟,所以一张饼两面煎好需要4分钟。我一个人忙,打蛋顾不上煎饼,煎饼顾不上打蛋,你觉得煎好一张鸡蛋饼要多久?"三三念叨着:"1+2+2=5分钟。怎么这么久啊?"妈妈说:"我一个人忙活,这已经是最快的了。"三三嬉皮笑脸地问:"妈妈,能不能把煎好的第一张先让我吃?我要饿死了。"妈妈说:"不行!不光是你饿,大家都饿,必须等都煎好了大家一起吃。"三三说:"那岂不是要等15分钟?"妈妈说:"没错!等着吧。"三三没有办法,只好一边听着肚子咕咕叫，一边慢慢等。

就在三三饿得头昏眼花的时候，小蓝悄悄跑出来对三三说："你想不想快点吃上鸡蛋饼？"三三说："当然想啊！你听我肚子已经咕咕叫了。"小蓝对三三说："其实有办法可以加快煎鸡蛋饼的速度。"三三口水都要流下来了，赶紧问小蓝："你快说说，怎么能快点煎好。"小蓝说："你想想，现在是妈妈一个人在打蛋、煎饼，但如果你能帮妈妈打蛋的话，打好第一个蛋，妈妈煎第一张饼的时候，你就可以打第二个和第三个蛋，互相不影响。你算算需要多长时间？"三三低头想了想："打第一个蛋要1分钟，然后妈妈拿去煎饼。煎一张饼正反面各2分钟，总共4分钟，这就是5分钟。但妈妈煎第一张饼的时候，我可以用煎饼的时间把剩下的两个蛋都打好，那么剩下的两张饼就不需要多余打蛋的时间了。后面两张饼直接拿去煎，各需要4分钟。这样总共就是1+4+4+4=13分钟，比妈妈一个人干快2分钟。"

三三想明白了之后，马上就要跑去帮忙。小蓝拦住他说："三三，其实还可以更快。"三三乐滋滋地问："怎么才能更快？"小蓝不慌不忙地说："咱们家的燃气灶有几个炉口？"三三说："当然是两个啊。"小蓝说："家里好几个煎锅，可以用两个煎锅同时煎饼。如果你和爸爸妈妈事先把所有的3个鸡蛋同时都打好，打蛋只需要1分钟。然后用两个炉口同时开始煎饼，你想想一共要用多少时间？"三三开始认真算起来："两个炉口同时煎，那么4分钟后就可以煎好2张饼，然后再用其中一个炉口煎第三张饼，再过4分钟就能煎好。那么煎饼是4+4=8分钟，再加上打蛋的1

二十四、快煎鸡蛋饼

分钟,就是9分钟。比妈妈一个人干快了6分钟。啊!我要赶紧告诉妈妈!"

就在三三快要跳起来的时候,小蓝让他冷静下来,乐呵呵地说:"三三,你知不知道还能更快?"三三惊讶地张大了嘴巴,对小蓝说:"刚才已经够快了,还有更快的方法?"小蓝说:"三三,我教你,打好蛋后,两个炉口同时开始煎第一和第二张饼,但各自把饼煎熟一面,需要多少时间?"三三想想说:"煎好一面需要2分钟。"小蓝接着说:"这时拿下第一张半熟的饼,再放上第三张饼,和第二张饼同时煎。第三张饼也只煎一面熟。这时过了多久?是什么情况?"三三想了想说:"这时又过了2分钟,一直在炉口上的第二张饼已经煎了4分钟,全熟了。第三张饼在炉

口上半熟,第一张饼在炉子外面,也是半熟。"小蓝又说:"这时把已经全熟的第二张饼取下来,把刚才拿走的第一张饼放回来煎。再过一个2分钟,三张饼就都煎好了。你算算一共多长时间?"三三又认真算起来:"1+2+2+2=7分钟。居然真的又快了2分钟啊!"

小蓝刚要再说点什么,三三已经实在按捺不住了,"噌"一下跳起来跑到厨房对妈妈说:"妈妈,我有好办法,可以只用7分钟就能煎好3个鸡蛋饼!"妈妈瞪大眼睛问三三:"三三,你在嚷嚷什么?"三三着急地说:"我们三个人一起打蛋,然后用两个炉口、两个煎锅,快!趁着我还没饿晕,赶紧煎饼!"妈妈哈哈笑起来,指着桌子上对三三说:"三三,从开始煎鸡蛋饼到现在都过了二十多分钟了,三张鸡蛋饼早就做好了。"三三一看,"嗷"一声扑过去,开始狼吞虎咽地吃起来。

小知识

本节对应的是优化技术，具体来说是优化技术的一个小分支。这节涉及的优化是为了提高程序运行效率，方法有提高运行步骤的并行性，以及提高运算资源的利用率。如果把"打蛋"和"煎饼"看成做鸡蛋饼的两个步骤，那么这两个步骤使用两个不同的资源（打蛋占用打蛋器，煎蛋占用炉口），所以这两个步骤具备一定的并行性。而增加煎锅相当于增加资源，也可以提高运行效率。

提高并行性的例子可以参看图1中的指令流水。由于每条指令的不同步骤——取指令（占用总线）、指令译码（占用译码器）、指令执行（占用运算器），占用不同的资源，所以具有并行能力。

T1	T2	T3	T4	T5	T6	T7	T8	T9
取指令1	指令1译码	指令1执行	取指令2	指令2译码	指令2执行	取指令3	指令3译码	指令3执行

T1	T2	T3	T4	T5
取指令1	指令1译码	指令1执行		
	取指令2	指令2译码	指令2执行	
		取指令3	指令3译码	指令3执行

图1 指令流水

从图1可以看出，不并行的情况下，串行执行3条指令，总共需要9个时间单位，而改为一定的并行后，同样执行这三条指令只需要5个时间单位。

增加运算资源的例子可以参看图2。这个例子是增加CPU内核，也可以提高运行效率。

	T1	T2	T3	T4	T5
	取指令1	指令1译码	指令1执行		
		取指令2	指令2译码	指令2执行	
			取指令3	指令3译码	指令3执行

CPU内核1

	T1	T2	T3	T4	T5
	取指令4	指令4译码	指令4执行		
		取指令5	指令5译码	指令5执行	
			取指令6	指令6译码	指令6执行

CPU内核2

图2　多指令流水

每个虚框代表CPU的一个内核，经过5个时间单位，可以执行6条指令。

而先把一张鸡蛋饼煎熟一半换另一张的例子，其实是为了提高炉子的利用率，减少炉口的空闲时间。

二十五、排队与插队

暑假期间，正赶上爸爸休假，三三和爸爸在外度过了一个愉快的假期，准备坐火车回家。返程这天，他们早早就到了火车站，发现候车的人特别多。三三和爸爸排队等待安检。

由于人实在太多，整个队伍移动很缓慢，加上天气闷热，三三越来越焦躁，总觉得队伍更长了，移动更慢了。突然有个车站工作人员从后面过来，示意大家让一让，然后引导一位满头大汗的乘客急匆匆插队先过安检进站了。三三很不高兴，对爸爸说："我们排了半天队，凭什么那个叔叔能插队先进站？这太不公平了。"爸爸说："或许他有什么急事吧？"旁边的工作人员笑着说："对，那位乘客因为堵车，所以用了很长时间才赶到车站，他要乘坐的火车马上就要开了,所以要安排优先进站。"爸爸笑着点了点头,对三三说:"果然不出我所料,确实是特殊情况。"三三还是很不高兴,嘟囔着说:"我还是觉得这样不公平,大家都按先来后到的顺序排队才好。"爸爸劝三三说:"三三,任何一套系统运行中,总有特殊情况发生,不可能只有一个规则。只有一个规则的系统,有时反而会影响整体运转。"三三虽然嘴上不说什么了,但心里还是不服气。

坐火车到站后,乘客们陆陆续续下车,排队检票出站。因为三三家离车站比较远,刚坐了长途火车又比较累,所以爸爸决定带三三乘坐出租车回家。火车站附近的道路很堵,三三和爸爸坐的出

二十五、排队与插队

租车跟着车流缓缓移动。突然后面传来了一阵消防车的警笛声,一辆消防车正沿三三他们所在的道路开了过来。只见消防车所经过的地方,车辆都自觉地避让开,给消防车让出一条通道。爸爸对三三说:"你看,这也是一种特殊情况。消防是十万火急的事情,不能耽误,如果让消防车这种特种车辆也跟着社会车辆一起排队通行,那就会出大事了,所以他们有优先通过的权利。"三三想早点回家,堵车堵得心烦,所以嘴上还是不服气,但心里慢慢明白了一些道理。

回到家里,三三觉得终于可以好好休息了。他跟妈妈嚷嚷着要吃好吃的,还要喝各种饮料。妈妈也觉得三三出去玩了这些天比较

疲劳，加上在外面吃饭有时不太方便，三三比之前瘦了一些，于是答应他多做一些好吃的。三三听了欢呼起来。

到了吃饭的时候，妈妈做了满满一桌子丰盛的饭菜，有鱼，有青菜，还有三三最爱吃的炸鸡腿，而且妈妈还破例让三三喝了果汁饮料。三三像一只被饿了三天的小老虎，吃饭的时候头也不抬，妈妈让他慢点吃，他就像没听到一样。等他打着饱嗝抬起头来的时候，肚子都鼓起来了。爸爸妈妈赶紧说："三三，你不能再吃了，千万不要暴饮暴食，对身体不好。"可三三还是觉得没吃过瘾。在爸爸妈妈休息的时候，三三偷偷从冰箱里拿出一大盒冰淇淋。因为怕爸爸妈妈看到，他三下五除二送进了肚子。这时候三三才觉得终于吃过瘾了，心满意足。

过了一会儿，三三觉得肚子有点不对劲，开始是隐隐作痛，后来就是撕心裂肺一般，忍受不了了。更糟糕的是，三三开始上吐下泻，不停地去卫生间，卫生间被他"霸占"了。爸爸妈妈也吓坏了，看三三疼得越来越厉害，没有好转的迹象，于是他们打了120急救电话。救护车本来说10分钟左右就能到，但过了快20分钟还没来。三三疼得就差打滚了。他不停地喊："这救护车怎么还不来啊？疼死我了！"又过了10分钟，救护车终于来了，三三被抬上了救护车。

去医院的路上，医生详细询问了他的情况，并做了简单的止痛处理。三三问医生："叔叔，你们怎么比说好的时间慢这么多啊？我要疼坏了。"医生说："今天路上非常拥堵，而且还遇到一辆不愿意避让的车辆，警告之后，救护车才得以优先通行，所以耽误了一些时间。"三三从车窗往外看去,果然路上密密麻麻全是车辆,虽然大家都主动避让他们这辆救护车,但三三因为疼得直冒汗,还是觉得速度不够快,恨不得立刻飞到医院才好。

来到医院,经过医生诊断,三三是因为暴饮暴食后,又偷吃了冰冻食品,引发了急性肠胃炎和绞痛,情况还是有点危险。但因为送医及时,三三用上药后,疼痛缓解了不少,终于安静下来了。三三愤愤不平地对爸爸说:"路上那些车辆给救护车让路让得太慢了,我在车上疼得要死,他们还磨磨蹭蹭,太不像话了,不知道要让救护车优先通过吗?"爸爸缓了一口气说:"三三,你现在也体会到救护车有优先权是多么重要了吧?如果让救护车也在后面按部就班地排队，你想想今天后果多么可怕。"三三也很后怕，彻底明白了特殊情况优先处理的重要性。

三三在医院百无聊赖，于是拿出平板电脑打游戏。他边打边想："看来还是计算机最简单，不会像人一样随便插队，也不会有什么特殊情况。"他正这么想着，小蓝突然出现了，他哈哈笑着对三三说："三三你想得太简单了！计算机也有很多特殊情况需要获得优先处理，并不是全部按照单一规则在运行。"三三很惊讶："不会吧？计算机难道也像人类社会这么复杂？也有插队的吗？"小蓝笑嘻嘻地说："那当然！计算机里的任务也有不同的重要性。"三三来了兴趣，对小蓝说："小蓝，你快说说计算机里是怎么插队的？"

小蓝不紧不慢地说："听我慢慢讲给你听，计算机里确实有点像人类社会，大部分程序在运行时，是按照排队的顺序依次进行的。但对于一些特殊情况，比如更重要的、更紧急的任务，允许它们优先执行，类似于插队通过。"三三好奇地问："计算机里什么任务是排队运行，什么任务可以优先呢？"小蓝说："一般的任务，比如你平时打的游戏、编写的作业、上网浏览信息，就是按部就班排队运行。因为这些任务就算稍微慢一点也不影响整体安全，没有严重后果。另外一些任务就不一样了，如果不优先处理，就会对整个系统造成危害，比如电源出问题。这类任务不多，但每次都需要插队以最快的速度完成。"三三笑着说："看来计算机内部也像个小社会啊，有一般车辆，也有救护车、消防车。"

这时妈妈带了一些苹果来，准备削一个给三三吃。三三已经缓过劲来，折腾到现在肚子早就空了，特别想吃点东西，所以还没等妈妈削完，就急不可耐地说："妈妈，我现在身体虚弱，肚子很饿，是需要优先对待的病人，你赶紧把苹果拿过来给我吃吧。"妈妈看了他一眼说："嗯！我看你已经活蹦乱跳，满血恢复了。已经不具备优先资格，按照一般情况处理。倒是我刚才被你吓得不轻，头昏眼花，需要优待。"说完自己把苹果吃了。三三一边咽着口水，一边说："妈妈你不能这么残忍啊，我可是病人啊。"

> **小知识**
>
> 　　计算机中的任务（也可以看成作业、进程等概念），具有不同的优先级。一般优先级的任务，排成若干队列按顺序依次处理，但高优先级的任务，可以抢占资源尽快处理。紧急任务像电源异常、除零错误等，比一般应用程序的优先级都要高，会最先得到处理，比如电源异常时切换到备用电源。

二十六、我中大奖了

周末,三三和凡凡提前约好去踢球。天刚亮,三三就起来了,匆匆吃了点早饭就往外跑。一开门,三三发现自己家大门缝隙里夹着个信封,正面印着"幸运大奖组委会"。三三很疑惑,因为一般寄到家里的信件,邮递员叔叔都会放进楼下的信箱里,这封信怎么给放到门口了?而且没有写收信人的名字,也不知道是寄给家里哪个人的。

三三把信封翻过来,发现后面也印着一行字,写着"恭喜你赢得幸运大奖,你可以换取价值3 000元的任意奖品,领奖方法详见信件内容。"三三两眼放光,心想:"还有这样的好事?这不是天上掉馅饼嘛!"原来三三这段时间想买一套电动机器人,要2 000

多块钱,爸爸妈妈觉得太贵了,一直不同意,三三正在为这件事烦恼。现在居然有中大奖的好事,而且可以换取任意奖品,那不是正好可以换取一套心仪已久的电动机器人了吗?三三心里简直乐开了花。他也顾不上踢球了,瞧瞧四下无人,赶紧把信封揣在兜里,一溜烟跑回自己的房间。

回到房间后,三三把信拆开仔细读了起来。信里写着:

恭喜你!

我们公司正在举办成立3周年庆祝活动,以抽奖的形式回馈社会。你是我们公司随机抽中的幸运之星,总中奖率只有1%!你可以指定领取市面上价值不超过人民币3 000元(含)的任意物品作

二十六、我中大奖了

为奖品。

领奖方式：

将你的姓名、收奖地址，寄送到××市××区××街道80号。

同时，根据国家政策，所有奖品需缴纳总值5%的税费才能领取。因此请汇款人民币150元到如下账号：

收款人：×××

开户银行：×××银行×××支行，账号123456789×××

根据领奖规则，××××年×月×日之前没有支付税费的中奖人，将失去领奖资格，由其他候选人顶替。

赶紧行动吧！只需支付最少的税费，3 000元大奖就会寄到你家！

×××公司

联系电话：13×××××××××

信的最后公司落款上，还有这家公司的大红印章。三三读到中奖率只有1%的时候，心里那个激动啊，暗暗想，以前老觉得自己运气不好，这次终于时来运转了！1%的中奖机会都能抽到自己，太幸运了。在看到后面写的不缴纳税费就要失去领奖资格时，又感觉有点慌，怕来不及汇款拿不到想要的机器人了。

马上行动！三三立刻起身去找自己的压岁钱。他把自己积攒的所有钱都拿出来,数了数,居然还有200多块钱。他赶紧拿着150块钱去找爸爸:"爸爸,快!帮我给这个账号汇款!"爸爸一下子摸不到头脑,问三三:"好好的为什么要给这个账号汇款?干什么用的?"三三只好把那封信拿出来给爸爸看,对爸爸说:"爸爸,得快点行动,不然过了期限就不能领奖了。"爸爸把信反复读了两遍,对三三说:"我觉得这事有点蹊跷,好像哪里不太对,得搞清楚了再说。"三三有点着急了,对爸爸说:"这可是3 000元的大奖啊,只有1%的机会,不要犹豫了。"爸爸摇摇头,不想这么草率地汇款。

一整天三三都在纠结这件事,担心领不到机器人了。爸爸看三三一直不死心,后来想了想对三三说:"我核实一下,如果没有问题,我们再汇款好不好?"三三毫不犹豫地同意了,爸爸又

二十六、我中大奖了

说："你要想清楚,这是你自己的决定,汇款也要用你自己的零花钱。"三三说："没问题,没问题,用我的零花钱也值了。"于是爸爸拨打信上留的电话号码,但那个电话一直是无法接通的状态。爸爸对三三说："这个电话一直打不通,我觉得是有问题的。"三三着急地说："万一是领奖的人打电话太多,所以才打不进去呢?"爸爸点点头觉得也有道理,这个理由确实没法说服三三。

过了一会儿,爸爸又想到了一个办法,他给查号台打电话,问××城市××街道××公司的办公电话。结果查号台告诉爸爸,那个街道最后一个编号只有60号,没有80号,所以无法查询办公电话。爸爸已经明白是怎么回事了,对三三说："这应该是个骗局,不能给那个账号汇款。"三三还是不信,满脑子都是机器人,缠着爸爸汇款。爸爸灵机一动,对三三说："好的,把钱给我,我去汇款。"三三高兴坏了,赶紧把钱给爸爸,心里美滋滋地等着梦中的大奖到手。

爸爸拿着钱出去了,三三耐心在家等待。过了好一会儿爸爸终于回来了。三三赶紧跑问："爸爸,钱汇去了吗?什么时候可以拿到大奖?"爸爸笑嘻嘻地说："钱汇去了,你现在就跟我去拿大奖吧。"三三一下子愣住了："爸爸,信上不是说奖品会寄过来吗?怎么又可以去领了?"爸爸神秘兮兮地说："今天我就带你去领大奖。"三三一听高兴坏了,蹦蹦跳跳跟着爸爸去领大奖。

爸爸带着三三出门后拐弯抹角,走过几条街道,来到了一个大门口停下了。三三以为是领大奖的地方到了,兴冲冲地就要进去,但又觉得哪里不对,就退出来看了一眼大门上的名字,上面写着

×××公安局。三三吓了一大跳，对爸爸说："爸爸，咱们走错地方了，走到公安局来了，快走！"爸爸哈哈笑起来："三三，我们没有走错。我刚才就是到这里来'汇款'的，已经确认对方是骗子，这就是个骗局。"三三吓得直哆嗦，问爸爸："爸爸，我想拿大奖，不会也被当成骗子吧？你不会把我送到这里来交给警察叔叔吧？快救救我！"爸爸笑着说："不会把你当成骗子抓起来的，我带你到这里来，就是让警察叔叔给你说明白，这种骗局是怎么骗人的。"这时一位警察从里面走出来，刚要对三三说话，三三以为是来抓他的，拨腿就要跑，但被叔叔一把拉住了。警察叔叔乐呵呵地说："小朋友，你爸爸刚才把情况都对我们说了，我们正在侦查此类案件。把你叫来，是告诉你这个骗局是怎么骗人的，回去后也在

二十六、我中大奖了

同学中做好宣传,让大家不要上当受骗。"三三这才放下心来,跟着爸爸和叔叔走进公安局办公室。

警察叔叔告诉三三,这种骗局是一种古老而典型的诈骗方法,被称为预付费骗局,很早就出现了,尽管花样一直翻新,但本质没有变化,都是以丰厚的回报为诱饵,让受害者先支付看似合理而微小的成本。但当受害者付出一定的代价后,骗子就会消失,或一步步引诱受害者加大支付数目,直到受害人察觉为止。每年都会有人上当受骗,三三也差点成为受害者。三三听完,心里一阵后怕,突然想起来什么,对爸爸喊:"爸爸,你不是已经把钱汇给骗子了吗?这可怎么办?"爸爸哈哈大笑:"三三,我到公安局来,怎么可能还会上当汇款呢。你看钱还在我这里呢。"三三这才踏实了,心想:"差点把自己辛辛苦苦积攒的零花钱给骗子,真是太悬了。"

小知识

本节中讲述的诈骗方法,被称为预付费诈骗或者预付费骗局。诈骗者利用信息的不对称,精心设计一个看似符合常理的流程,以凭空捏造的高额回报或者丰厚的奖品为诱饵,编造一个合理的支出借口,引导受害者支付一定的费用,从而骗取受害者的钱财。在互联网时代,由于网络用户存在一定隐匿性,这种存在已久的诈骗方法结合信息技术,经常出现新的形式,给受害者造成巨大损失。

二十七、人人都是程序员

信息课上，老师开始给同学们讲解编程，并且在屏幕上给大家展示了一段可以运行的程序。当老师打开程序代码的一刹那，大家都发出一声惊叹，觉得屏幕上密密麻麻全是代码，太复杂了！

信息老师告诉同学们不要惧怕，他逐一给大家讲解了那段代码的逻辑结构，包括开始和结束语句、主要程序块、各种基本结构。经过老师的讲解，大家感觉这段程序代码不像刚开始看到时那么复杂可怕了。老师让大家尝试编写一段最简单的程序运行，结果只有少数几个同学完成了，大部分同学都因为各种各样的问题没有成功。同学们觉得写程序太难了，由衷钦佩那些天天写代码的程序员。

二十七、人人都是程序员

典三三写的程序也没有成功运行,他有点沮丧,觉得写代码太难了,估计以后没机会做程序员了。他很纳闷那些程序员是怎么学习编程的,能写出那么复杂的程序,感觉能当程序员的都是超人。三三看着眼前的计算机,心想:"计算机虽然很好用,但给计算机写程序是一件痛苦的事情,如果编写程序没这么复杂就好了。"就在三三胡思乱想的时候,小蓝跳出来对他说:"三三,编写程序哪有那么痛苦?你误解程序了。"三三不解地说:"你看看,老师讲了半天,可我连最简单的一个小程序都没写好,运行不了,这还不困难?"小蓝笑着对三三说:"其实包括你在内,大家平时都在使用各种程序,人人都是程序员。"三三瞪大眼睛说:"我自己怎么不知道?"

小蓝不紧不慢地说:"你觉得程序和计算机谁出现得更早?"三三毫不犹豫地回答:"当然是先有计算机再有程序啊,这还用说。"小蓝摇摇头说:"三三你错了,程序这个概念出现的时间,要比计算机早很多很多。"三三很惊讶:"啊?程序不是在计算机里运行的吗?没有计算机的时候,怎么会有程序呢?"小蓝说:"程序,原本是表示事情进行的先后顺序。用简单通俗的话说,就是按照指定的顺序执行一些指令,目的是完成某个任务或解决某个问题。程和序的概念,在古代就有了,你说它和计算机谁出现得更早?"三三点点头:"这么说来,程序确实更早,而且当初也和计算机没什么关系。"

小蓝接着说:"其实,就是现在的程序概念,也不是只应用在计算机上。我刚才说的你每天都在用,就是因为每时每刻每个人,可能都要用到程序。"三三说:"小蓝,你说说看,我每天是怎么用到程序的?"小蓝笑着说:"那例子可就太多了,我问你,现在是中午11点了,你有没有觉得饿?"三三本来没觉得饿,听到小蓝一问,肚子突然开始咕咕叫,感觉特别饿,着急地问小蓝:"我饿了,你有啥好吃的吗?"小蓝哈哈笑起来:"我只是随便一问,你果然开始饿了。你看现在要解决的问题是'饥饿',怎么解决呢?"三三说:"那还用说,赶紧给我好吃的!"小蓝说:"你也太不认真了,没法交流。你仔细想想你平时是怎么一步步解决午饭问题的?"三三只好压制住饥饿的感受,认真地说:"先拿上我的饭卡,然后去食堂自助餐区排队刷卡,取一个餐盘,选一些爱吃的菜。嗯！今天中午我应该会吃西兰花、煎鱼、一份米饭、一根香蕉、一盒酸奶。然后到就餐区吃饭，饭后把餐盘送回回收区，完毕。"说到这里，三三实在忍不住了，嚷嚷着："小蓝，我不想说了，口水流下来了。"

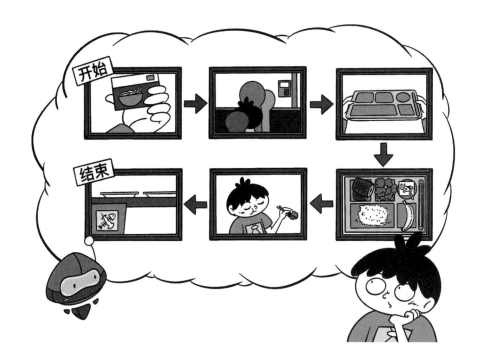

小蓝说："你怎么这么馋？我只是让你想象一下而已。但你知道吗？刚才你就编写了一段程序。"三三说："开玩笑，我怎么不知道自己编写程序了？"小蓝说："三三，刚才你所想象的就是按照一定的步骤执行一些动作，最后解决饥饿这个问题，这就是一段程序。"三三惊讶了："这就是一段程序？真的假的？"小蓝很肯定地说："没错，这个过程符合程序的定义，目的是解决一个问题，就是一段程序。步骤一，拿上饭卡；步骤二，排队刷卡；步骤三，取餐盘；步骤四，取西兰花、煎鱼、米饭、香蕉、酸奶；步骤五，就餐；步骤六，送回餐盘。饥饿问题解决了。"三三问："还真是，那岂不是我每天都在编写程序？"小蓝说："没错，你每天都在编写程序，只不过执行程序的不是计算机，而是你自己。有时你还能编写带分支的复杂程序。"三三问："什么是带分支的复杂程序？"小蓝说："一个简单的例子，你每天都要上学，如果晴天你会不会带雨伞？"三三摇摇头，小蓝又问："如果下雨呢？"三三说："那当然要带伞。"小蓝说："这就是根据不同的判断结果执行不同的动作，属于分支程序。"

三三好像听明白了，问小蓝："难道平时我们用的程序都这么简单吗？有没有复杂一点的？"小蓝说："和计算机程序一样，我们平时使用的程序也有简单的和复杂的。稍微复杂一点的程序，比如你的期末考试，就需要平时花很长时间去学习和练习，才能解决考好这个问题。"三三一听，赶紧说："小蓝，说得好好的，咱们能不能别提考试这么吓人的事儿？"小蓝哈哈笑起来："就算不说考试，也有复杂的程序啊，比如汽车坏了去修车，医生治疗疾病，都是比较复杂的程序，需要很多步骤。"三三说："这些例子可没考试那么吓人。"小蓝接着说："其实计算机里的程序和我刚才说的那些日常程序，没有本质的差别，只是计算机里的程序，语法更严谨，而且是由计算机来执行的，差异仅此而已。"三三高兴地说："看来确实人人都是程序员。小蓝别说了，赶紧看看食堂开饭没有，我要饿晕了。"

二十七、人人都是程序员

晚上回到家，三三扬扬得意地对妈妈说："妈妈，我已经会写程序了，现在是个程序员。"妈妈很惊讶，说："你什么时候学习比吃饭还快了？"三三不高兴地说："你别瞧不起人，我一会儿就编写一段程序给你看。"妈妈说："不用等一会儿了，你现在就编写给我看看。"三三问："妈妈，我编写没有问题，但编写之后你同不同意把程序执行完？"妈妈说："你只要真的会编写程序，我当然同意让你执行完啊，这是好事啊。"三三慢慢悠悠地坐到电脑前面，对着电脑说："这个程序是这样的：我先看会儿动画片，再吃晚饭，饭后吃一支冰淇淋，然后看一个小时的漫画书。"三三一边说一边美滋滋地想，只听妈妈问三三："再然后呢？"三三伸个懒腰说："再然后当然是美美地睡觉了。"说完突然觉得妈妈在他身后一点动静都没有了，回头一看，妈妈气得眼睛都瞪圆了，吓得

三三一哆嗦。就听妈妈说:"我现在也编写了一段程序,只有一条指令,就是你现在去给我学习!立刻!马上!"三三小声嘟囔说:"刚才明明你同意让我执行自己的程序的,说话不算话。"妈妈问:"三三你说什么?!"三三吐了吐舌头说:"我在说,我爱学习,学习让我快乐!"

小知识

现代计算机中的很多术语,并非源自信息技术,也并非计算机专用,"程序"就是其中之一。人们日常生活中,本质上总是在设计并执行各种程序,只是在表现形式上没有计算机程序那么严格的语法检查和顺序规定。

二十八、好好听课

天气渐渐炎热了,典三三本来就特别能吃,有点胖,天气一热就懒洋洋的,无精打采。爸爸妈妈有时和三三说话,三三都有点爱答不理,让爸爸妈妈很生气,不知道说的话三三听进去没有,觉得他越来越没礼貌。

上课时,三三也提不起精神。老师讲完一段内容,其他同学都在抢着举手回答问题,或者通过点头摇头表达听课效果,三三坐在教室里,面无表情,一动不动,老师都搞不清楚三三听懂了没有。一次班主任在语文课上实在忍不住了,问三三:"三三同学,你在好好听课吗?到底听懂了没有?是不是在走神?"三三懒洋洋地说:"老师,我听懂了。"老师说:"那你为什么不响应一下?你面无表情，我都不知道你有没有听进去。"三三说："老师，我觉得动嘴、动头，太累了，天气这么热，一动就出汗了。"三三话音未落，全班哄堂大笑，老师也被惊呆了，说三三已经懒出了世界领先水平。

放学后，老师把爸爸请到了办公室，把三三在学校的表现描述了一遍。爸爸当着老师的面批评了三三，让他在上课时认真听课，积极回答老师的问题。但三三觉得自己没有不好好听课，这样不做任何"运动"的办法，是为了有效降低身体"发热"，减少出汗，可以稍微舒服一点，没有哪里不对。爸爸见一时说服不了三三，只好先带三三回家，再想办法好好纠正他的毛病。

回到家后，三三还是能少动绝不多动。吃饭时尽量只动嘴巴，读书时只有两只眼睛在动，甚至一页看完了，都要等风吹开下一页

二十八、好好听课

再看。爸爸妈妈被他气得不行。就在大家拿三三一点办法也没有的时候,小蓝出现了,他对三三说:"三三,你这个懒洋洋的样子,我实在看不下去了!你这种不给予别人最基本响应的行为,特别没有礼貌,必须改正过来!"三三哼哼着,用最小的声音说:"大家互相不说话,没互动,我觉得也没有问题啊。为什么非要给别人响应?"小蓝问:"你说话怎么这么小的声音?"三三像蚊子哼哼一样:"我觉得声音大了太热,会出汗。"小蓝听了气得跳了起来。

小蓝见劝不动三三,低着头认真琢磨办法。突然他想到了什么,对三三说:"三三,你不是喜欢不给别人响应吗?我现在就带你去体验一个没有响应的世界。"三三问:"那里凉快吗?凉快我就去。"小蓝拍着胸脯保证:"那里非常凉快,肯定不会出汗。"三三一听来了精神,对小蓝说:"快快!带我去凉快凉快。"

小蓝让三三闭上眼睛,带他来到一个没有响应的奇妙世界。当三三睁开眼睛,发现果然非常凉快,舒服极了。里面有台电脑,三三想玩一会儿,就去点击自己最喜欢的一款游戏,但游戏里的人物根本不按三三的指挥移动,在屏幕上乱跑。三三以为电脑坏了,问小蓝能不能修好。小蓝说:"这台电脑没坏,只是不响应你的输入和指挥。"三三觉得很无趣,就想打开一首歌听一听,结果听不到任何声音。小蓝说:"这还是没有响应的结果。"三三说:"这有点太无聊了,什么也干不了。我们还是回去吧。"小蓝说:"等等,我们去玩点有意思的事情吧。"

小蓝带三三来到一艘巨大的飞船前面,打开舱门,坐进了驾驶室。飞船操作非常简单,一个方向舵,可以控制飞船上下左右前后

171

移动,还可以加速或者减速。飞船还有报警装置,当前进的路上有障碍物,就会通过报警系统指示危险的方位,便于驾驶员躲避。三三从小就喜欢飞机,梦想有一天能开飞机到处飞,现在见了飞船,迫不及待地想体验一把。小蓝让三三系好安全带,启动飞船,飞上了天空。

开始的时候,飞船一切正常,转向、加速、报警都很灵敏。就在三三开着飞船兴奋不已的时候,突然飞船没有响应了。让它转弯它不转,让它停止它也不停,只能往前直直地飞。三三急得手忙脚乱,冷汗都出来了。这时远处一块大陨石飘飘悠悠朝着三三的飞船飞过来了,但报警系统一点动静也没有,还是小蓝发现了危险,对三三喊:"有陨石!快转向躲避,不然要撞上了!"三三这才发现了陨石,但不管怎么操作,飞船就是不转向。眼看陨石离飞船越来越近,最后"砰"的一声撞上了,吓得三三也晕了过去。

过了一会儿,三三迷迷糊糊听到有人在叫他的名字,睁开眼睛一看是小蓝。三三被吓得战战兢兢,问小蓝:"我们被陨石撞坏了吧?"小蓝哈哈笑着说:"刚才的飞船和陨石撞击都是虚拟的,你根本没有受伤,就是被吓到了。"三三揉了揉眼睛坐了起来,往四周看了看,果然他们还在实验室里,周围根本没有飞船,也没有陨石,三三这才放心。

小蓝说:"三三,你知道刚才是模拟什么情况吗?刚才就是没有响应的后果。你打不了游戏,听不了歌,只是觉得无聊而已。但后面驾驶飞船没有响应,就非常非常危险了!"三三点点头:"吓死我了,幸好是假的。"小蓝说:"计算机性能再好再强大,如果没有响应或者不能给人正确的响应,就一点用处也没有了。就像一个人不和别人说话,面无表情,那别人就不明白你在干什么,在想什么。"小蓝见三三开始理解了,趁机教育他说:"你平时上课时,还有跟别人交流时,面无表情,什么都不回答,那就像计算机对外界输入的指令没有响应,就和周围的人隔离了。在一些场合中,比如你过马路,如果听到汽车鸣笛也不响应,后果不堪设想。"三三终于明白了响应的重要性。

回到家,三三还有点惊魂未定。妈妈已经做好饭了,喊三三快去吃饭,三三又忘了响应的重要性,坐在那里像没听到妈妈说话一样。妈妈很生气,对爸爸说:"估计三三不饿,我们把好吃的都吃光吧。"三三突然像睡醒了一样,喊着:"我饿了,我饿了,我马上过来!"连蹦带跳跑到餐厅去了。

> **小知识**
>
> 响应是计算机系统和外界交互的一项重要内容,响应有多种不同形式,包括声音、文字和光影等。常见的响应有:进度条、点击或者敲击音、对话框、等待标识(漏斗或光盘形状的图标)、运行结果,等等。响应本质上是对用户输入命令的有效反馈,是运行状态的外在表现,只有输出有效而正确的响应,才能体现计算机的应用价值。

二十九、蚂蚁搬家

典三三住的院子里有几棵高大的柿子树，每年都会结很多果实。因为平时保护得比较好，秋季成熟的时候，都有大量的红柿子掉落在下面的草地上。

有一个周六的上午，三三到院子里去玩，正玩得高兴，一个大大的红柿子"啪"一声落在他眼前的草地上。三三想仔细观察一下柿子长什么样子，就蹲在旁边静静地看。他刚想离开的时候，看到一只黑色的小蚂蚁发现了柿子，在上面爬来爬去，还咬了几口。

三三想："这只小蚂蚁不会是想把这个大柿子搬回家吧？柿子对于蚂蚁来说，像一座巨大的山，想搬回蚂蚁窝，这也太自不量力了。"这时已经到了吃午饭的时间，三三就起身回家了。

二十九、蚂蚁搬家

午饭后,三三又回到院子里玩。他突然想起上午的那个柿子,想再去观察一下。于是他跑到柿子掉落的地方,惊讶地发现柿子上面爬满了小蚂蚁,并且形成一支长长的队伍,从柿子一直延伸到蚂蚁窝。每只小蚂蚁都努力从柿子上面咬下小小的一口,然后排队运回窝里去。三三虽然很惊奇,但一想一大堆蚂蚁,用了一中午的时间,才把柿子的外皮咬破几个小口,没有几天时间蚂蚁根本运不完这个柿子,说不定它们最后会放弃呢。想到这里,三三也没兴致看了。

等三三玩了一下午准备回家的时候,出于好奇心,他又到掉落的柿子那里去看了一眼。这次他惊讶地发现,几个小时的工夫,整

个大柿子几乎已经被小蚂蚁搬运光了,只留下地上一点儿残渣。三三简直不敢相信自己的眼睛,没想到蚂蚁小小的身体里,居然蕴藏着这么大的能量,看似不可能搬运的一座"柿子山",居然大半天工夫就搬空了。

三三心想:"蚂蚁搬家看上去不起眼,慢慢腾腾的,但威力好大啊,真不能小看这些蚂蚁的'愚公精神'。"

晚上,爸爸妈妈告诉三三准备近期带他出去秋游,三三听了很兴奋,说了一串自己想去的地方。但爸爸妈妈给了三三一个"惊喜",就是把秋游所有准备工作的"大权"都让给三三,让他安排好一切,爸爸妈妈都听他"指挥"。三三开始还挺高兴,想着可以过一把指挥的瘾。但到真正开始准备时,一下子傻眼了。以前出游都是爸爸妈妈筹划,三三只管玩,感觉什么都是现成的,没觉得有多难,这次要自己准备,突然发现吃喝拉撒都要考虑,一下子难住了,不知道该从哪里下手。但爸爸妈妈告诉三三,如果他安排不好,就不去玩了。

就在三三一筹莫展的时候,他想到了好朋友小蓝,想让他帮忙想想办法。三三把小蓝叫来说了自己的烦恼。小蓝说:"办法是现成的,你早就知道了,怎么还来问我啊?"三三被问得摸不到头脑:"我知道办法?我不知道啊,什么办法?"小蓝笑嘻嘻地说:"你还记得今天看到的蚂蚁搬家吗?"三三点点头,小蓝接着说:"蚂蚁就是你的老师,你采用同样的办法,就能解决问题。"三三笑着说:"小蓝,你也糊涂了吧?蚂蚁连话都不会说,怎么就成我的老师了?而且蚂蚁是把大柿子搬回家,我是准备秋游,这完全

二十九、蚂蚁搬家

是两回事。"小蓝说:"虽然蚂蚁不会说话,而且蚂蚁和你要解决的问题确实不一样,但蚂蚁真的已经教给你解决问题的方法了。"三三很疑惑:"小蓝,你说来听听,蚂蚁怎么就成我老师了?"

小蓝说:"蚂蚁老师教给你的办法就是,化繁为简,化大为小,把困难的、复杂的问题分解,变成一个一个容易解决的小问题,等所有小问题都解决了,整个大问题也就解决了。"三三还是有点不理解:"怎么化大为小?"小蓝说:"你想想,大柿子对小蚂蚁来说简直就像山一样巨大,但蚂蚁把大柿子分解成无数微小的小块,每个小块都是能搬运走的,也就是能解决的小问题。等所有小块都搬回窝里后,整个柿子不就搬走了吗?问题不就解决了吗?"三三恍然大悟:"原来是这样啊!可是秋游怎么分解呢?"

小蓝说:"这个也简单,你把整个秋游过程分成几个不同的方面,一是地点,二是出行方式,三是携带的食品和数量,四是出发和返回时间,五是简单应急方法。"三三马上明白了。

三三开始按小蓝告诉他的五个方面逐一准备,很快就确定了秋游计划。地点是城郊的一座森林公园,里面有山有湖。出行由爸爸开车往返。食品带三个汉堡、六瓶矿泉水、三杯酸奶、三个苹果,以及几袋小零食。计划早上7点半吃过早饭出发,下午5点返回。应急物品包括雨伞、创可贴、棉签和碘酒。而且在小蓝所说的内容之外,三三还自己提前上网搜索了一下那座公园的最佳游览路线,真是太完美了。

当三三把完整的秋游计划告诉爸爸妈妈时,爸爸妈妈简直不敢相信自己的耳朵,觉得三三突然就长大了,居然把事情安排得这么周全,这么井井有条。他们好奇地问三三是怎么做到的,三三得意地说:"这个太简单了,蚂蚁搬家!"三三见爸爸妈妈一脸疑惑,赶紧解释说:"就是把没有头绪的复杂问题,分拆成一个一个很小的问题,每个小问题比较简单,把它们解决了就OK了。"爸爸妈妈都伸出了大拇指给三三点赞,三三也有点飘飘然。

过了几天,妈妈感觉家里有点脏乱,就想做个大扫除。她想了一会儿,把三三叫来,对他说:"三三,你前几天不是学蚂蚁搬家把问题解决得很好吗?今天再帮我解决一个问题吧。"三三觉得自己突然变得很重要,有点自鸣得意,对妈妈说:"包在我身上,快说什么事情。"妈妈说:"我想做个大扫除,一时不知道从哪里下手,你帮我规划规划。"三三想了想说:"很容易,把卫生分成

二十九、蚂蚁搬家

墙面、桌柜、地面三个部分,再按照卧室、厨房、客厅分别打扫,每个房间把这三个部分的卫生都搞好了,整个家就干净了。"妈妈问:"三三,你觉得这样打扫,把每个地方的卫生搞干净了累不累?"三三得意地说:"按我的方法,每个地方的活都不多,肯定不累。"妈妈笑嘻嘻地说:"三三,既然每个地方搞卫生都不累,你又变得这么厉害,那大扫除这个任务,就交给你吧。"说着就要把扫把和抹布递给三三。三三大喊:"妈妈不要啊,你不能使用童工!你这是虐待儿童。"一溜烟逃跑了。

🔊 小知识

　　现在的软件系统,已经非常庞大复杂,开发过程中很难一次解决所有问题、完成所有开发工作,所以一般采用分层或者分模块的方法,把整个研发任务拆分成不同的小部分,也就是为分而治之。整个软件划分为容易实现的小模块,然后逐一完成,最后组合成一个完整的大系统。我们常见的操作系统就是采用层次(模块)的形式构建的,互联网协议TCP/IP也是分成了几个不同的层次(模块)。这样做的好处是各模块相对独立、功能集中,模块间通常采用服务或调用的形式协作,便于开发,有问题也不会影响其他模块的开发进度。

三十、我们的班级

典三三所在的小学举办了学校运动会,他们所在的二年级总名次竞争非常激烈。运动会的最后一项是男子4×100米往返接力,这项比赛的冠军可以得5分,亚军得3分,季军得1分。在这项比赛之前,三三所在的二(2)班总分55分,位于第二名,二(3)班是56分,位于第一名。最后一项比赛的成绩将决定总分第一的班级。

三三作为主力,参加了最后一项接力比赛,并且是最后一棒。比赛开始后,前两棒三班和二班交替领先,到第三棒时,三班领先了一个身位。三三接过棒后,使出吃奶的劲拼命追赶,但依然稍稍落后。这时他脑袋里就想象妈妈生气时拿苍蝇拍在后面追赶他,速度一下子就提上来了,在最后阶段终于追上并反超三班,夺得了最后一项比赛的第一名。这样一来，二（2）班不仅拿到了接力的第一名，在总分上也反超二（3）班，拿到了年级冠军。三三跟同学们高兴得又蹦又跳。

回到班里后，班主任重点表扬了典三三，认为他顶住压力，在落后的不利情况下没有气馁，超常发挥，为班级争了光，让大家都向三三学习。三三心里得意极了，觉得自己就是班级的小英雄，开始飘飘然了。

这段时间有很多其他班级的同学看到三三时，都很热情地跟他打招呼，或者向他竖大拇指，还有很多同学纷纷来打听三三的训练秘诀，三三走到哪里都是同学关注的焦点，他更加骄傲了。三三感觉自己就是二（2）班的拯救者，是最重要的人物。

随着三三越来越膨胀，他说话的口气也越来越高傲，居然对同学们说二（2）班是他的班级，张口就是"我典三三的二（2）班"。同学们开始还没觉得有什么，但时间长了，大家就不喜欢听他说话了，渐渐疏远了三三。连最要好的大鹏和凡凡也不喜欢三三的说话方式，但三三依然我行我素。

一天典三三张嘴又说："我典三三的二（2）班。"还没等他把话说完，小蓝"嗖"一声出来，气愤地对三三说："三三快住嘴！以后不要再说是你的二（2）班了，这个班级不是你们任何人的，现在这个集体，是临时在二（2）班的成员。"三三不服气地说："我为班级争得了那么大的荣誉，不是我就没有这次总分第一，凭什么不能说是我的班级？"小蓝说："首先，如果没有其他同学在前面项目的拼搏，积累了很高的分数，光靠你一个人，是不可能取得总成绩第一名的。其次，这个班级不是属于你们任何人的。"三三听到小蓝说的第一句话，觉得很有道理，也感觉到了自己这段时间的骄傲自大，有点惭愧。但听到第二句话，又有点困惑，对小蓝说："小蓝，我知道错了，以后不自大了。但你为什么说这个班级不属于我们任何人？我一直认为我们就是二（2）班，二（2）班就是我们，这个没有错啊。"

小蓝见三三认识到自己的错误了，语气也缓和了下来："三三，你认识到错误就好，再骄傲自大下去，同学们都不理你了。至于我说的这个班级不属于你们任何人，不是乱说的，我给你解释一下你就明白了。"三三催促小蓝说："你赶紧说。"小蓝说：“你们现在班里的所有同学，只是临时在二（2）班这个班集体里，你们可以离开这个班，这个班也可以不是你们现在这些同学。”三三听得有点晕，对小蓝说："你慢点说，太绕了，我听不懂。"

小蓝耐心地解释："我给你举几个例子你就明白了。我问你，去年这个时候你在哪个班级？"三三说："还用问吗？是一（2）班啊。"小蓝说："对啊，去年在一（2）班，现在在二（2）班，明年就升到三（2）班。所以现在这些同学组成的集体，是临时在二（2）班。"三三点点头，但随后又摇摇头："小蓝，虽然我们每年都会变换班级，但我们就是二（2）班，二（2）班就是我们，这个没有错吧？"小蓝说："这个只能说，目前这个二（2）班里的同学是你们，但这个不是绝对的，也不是固定不变的。比如你们

明年升入三（2）班了，二（2）班是不是就由新一届的同学占用了？再比如你们班有没有转学走或者转学来的同学？"三三说："当然有了，原来班里的美美就转学走了，媛媛就是这学期转来的。"小蓝说："对啊，你看二（2）班还是二（2）班，但包含的同学变了。"三三点点头，对小蓝说："那这个班级和'我们'到底是什么关系呢？"

小蓝对三三说："我再给你举个例子。你们学校是个炙手可热的好学校，当初你能来也是很幸运的，好多小朋友都没有机会进来。那你想想，如果当初你们班现有的同学都没有入学，没有加入一（2）班，那去年的一（2）班还存在吗？"三三哈哈笑起来："小蓝，你开玩笑吧？我们都不入学的话，那一（2）班肯定就不存在了啊。"小蓝摇摇头："三三你错了，就算你们班现在的同学去年都没有入学，一（2）班还是存在的。每个班级的招生计划和课程设置，在同学们入学之前就定好了。"三三疑惑地问："可是如果我们都不入学，那班级就空了，怎么还能存在呢？"小蓝说："你们不来，还有其他小朋友会来加入一（2）班，班级不会空的，一（2）班还存在，只是班级里的同学们不一样了，不是现在这些同学了。"

三三若有所思，嘴里念叨着："我们不来，班级还在。这个有点烧脑啊。"小蓝说："这个其实也简单，如果班级是一个一个的篮子，那你们就是篮子里的鸡蛋，篮子和鸡蛋是可以分开的。在你们入学之前，班级的篮子已经做好了。如果一（2）班这个篮子装的不是你们这些'鸡蛋'，也会装上别的'鸡蛋'的。"三三问：

"小蓝,那你说同学们和班级之间到底是什么关系呢?"小蓝说:"其实,班级就是一个容纳信息的框架,你们就是填入框架的信息。必须先搭建好框架,才有空间放置信息。每来一位同学入学,就向班级框架里面添加一条信息。两者结合,就构成了现在的班级。所以来的同学是谁,填的信息就是谁的,班级信息和同学信息可以分开,也不是固定的,并不是天然就是现在这些同学。"三三问:"那如果真的没有人入学进一(2)班,那这个班级难道只剩下一个框架?"小蓝说:"没错,如果没有同学入学进一(2)班,那这个班级确实只有一个框架,没有同学信息,所以框架可以是空的。但是起作用的是信息,而不是框架。所以没有同学的班级,即使有个框架结构,也没有班级功能。"三三点了点头。

三十、我们的班级

晚上回到家后,三三对爸爸妈妈宣布:"我们这个家是个框架,我们都是框架里的信息,这个家和我们之间没有必然的联系。"爸爸妈妈一下子愣住了,互相看了看,不知道三三在说什么。三三接着说:"如果当初我们没有来到这个家,那这个家里就会有别的人,填写别人的信息。当我们都离开这个家,家就只剩下一个空架子了。"妈妈对爸爸说:"老典,三三是不是发烧了?"三三还在自言自语地说:"我宣布,如果你们以后再打我,我就转到别人家里去,把别的小孩转过来。"妈妈对爸爸说:"我当初就觉得三三是我们抱错的孩子,天天胡说八道,既不像你也不像我。"然后回头对三三说:"你也不用等以后再转到别人家去,我现在就把你和隔壁的小姑娘换换,她又好看又听话,学习也好,我天天心情好,每天给她做好吃的。"说着站起来就要拉三三去隔壁

邻居家。三三一看妈妈要动真格的,有点慌了,连忙说:"妈妈,你肯定没抱错,你看我这么喜欢美食,一定是你亲生的。再说,谁知道别人家的孩子什么样,说不定比我还调皮呢。"

小知识

这一节讲的是元数据(Metadata)和数据(Data)的关系。元数据是描述数据的数据,包括描述数据的属性、类型、格式,以及数据之间的相互关系等。在存储和使用数据过程中,需要先定义元数据,形成具备一定逻辑性的、存放数据的"框架容器",才能对数据进行有效管理和操作。元数据和数据可以分离,也就是可以只有元数据而没有对应的数据。但没有数据的元数据,无法提供用户所需的信息,而没有元数据的数据,无法有效组织、管理、应用信息。我们现在看到的数据管理系统,比如数据库,就是元数据和数据的结合。